novum pro

ERNA SCHROEDTER

HOFFEN AUF EIN ENDE DER KRIEGE

novum pro

Bibliografische Information
der Deutschen Nationalbibliothek:

Die Deutsche Nationalbibliothek
verzeichnet diese Publikation in
der Deutschen Nationalbibliografie.
Detaillierte bibliografische Daten
sind im Internet über
http://www.d-nb.de abrufbar.

Gedruckt in der Europäischen Union
auf umweltfreundlichem, chlor- und
säurefrei gebleichtem Papier.

ISBN 978-3-99146-420-4
Lektorat: Sandra Fantner
Umschlagabbildungen: Nora Becker,
Mimacz | Dreamstime.com, Sonja Schade
Umschlaggestaltung, Layout & Satz:
novum Verlag
Innenabbildungen:
Erna Schroedter, Peter Raudaschl

Die von der Autorin zur Verfügung
gestellten Abbildungen wurden in der
bestmöglichen Qualität gedruckt.

www.novumverlag.com

Druckprodukt mit finanziellem
Klimabeitrag
ClimatePartner.com/16547-2311-1001

„Friede“ verkündigte der Engel,
aber Friede nicht nur als Gabe,
sondern als Aufgabe.[1]

Inhaltsverzeichnis

Vorwort

„Der Nachfolgestaat der Sowjetunion wäre also durchaus in der Lage, Welle um Welle an Menschen und Material an die Front zu werfen",[2] steht in einer Nachricht elf Monate nach der russischen Invasion in die Ukraine. Diese menschenunwürdige Ausdrucksweise erinnert an die Kriegspropaganda der Weltkriege im vergangenen Jahrhundert.

„Nie wieder Krieg", hieß es oft nach 1945.

Die Überlebenden der zwei Weltkriege erreichten die Versöhnung der Staaten in Europa, sicherten den gesellschaftlichen Frieden durch Sozialsysteme und gründeten die UNO. 99,44 Prozent der Weltbevölkerung gehören zu den Vereinten Nationen, die in der Präambel ihrer Verfassung die Sicherung des Friedens und der Menschenwürde hervorheben.

Im Laufe der Menschheitsgeschichte gab es immer wieder herausragende Führungspersönlichkeiten, die Frieden und kultiviertes Zusammenleben erfolgreich förderten. Bischof Wolfgang von Regensburg war vor über 1000 Jahren offensichtlich eine heile Person, die eine zugemutete Amtspflicht zum Wohl der Menschen erfüllte. Ihm ist das 1. Kapitel gewidmet.

Was braucht es, damit Menschen Lebensfreude, Gesundheit und Liebe von Generation zu Generation weitergeben können? Im Wolfgangtal leben eine Reihe von Familien mehr als 600 Jahre in vielen Generationsfolgen auf ihren Höfen. Eine dieser Familien, die bis in die Vorkriegszeit Selbstversorger waren, wird kurz im 2. Kapitel beleuchtet.

Wie ein goldener Faden zog sich die Hoffnung auf ein Ende des Zweiten Weltkriegs durch die Soldatenzeit meines Onkels Franz. Eine Zusammenfassung seiner 246 Feldpostbriefe aus den Jahren 1943 bis 1945 enthält das umfangreichste 3. Kapitel.

Wir über 80-jährigen Europäerinnen und Europäer erinnern uns an die Nöte des Zweiten Weltkriegs. Marianne und Reimer Gronemeyer verfassten ein Manifest: „Die Stimme der Kriegskinder zum Krieg in der Ukraine". Es ist im 4. Kapitel dieses Buchs abgedruckt.

Die meisten Soldaten und Zivilisten überleben Kriege mehr oder weniger psychisch, sozial und physisch verletzt und versuchen danach gut zu leben. Gutes Leben braucht ein friedliches Milieu, so wie eine Pflanze nur auf fruchtbarem Boden wächst. Weltweit wird ein Milieu der Mitmenschlichkeit und Liebe in unzähligen Netzwerken gepflegt. Diese aufkeimende neue Kultur der Kooperation und natürlicher Verbundenheit statt zermürbender Konkurrenz thematisiert das letzte ermutigende Kapitel.

Als Uroma erlebe ich seit einem Jahr wieder die Freude, wenn ein Kind von Geburt an umsorgt, erzogen und begleitet wird. Liebende Eltern bringen viel Zeit, Umsicht und Geduld auf, bis ihre Kinder selbständige Erwachsene werden. Auch unser Bildungs- und Gesundheitssystem sollen die Potenzialentfaltung unterstützen. Denn jeder Mensch birgt das Geschenk wunderbarer Kräfte für ein sinnvoll erfülltes Leben.

Aber das Aufrüsten aller Staaten würde für die Vernichtung der gesamten Menschheit ausreichen. Waffenproduzenten wollen Gewinne und machtsüchtige Herrscher glauben an militärische Siege. Angesichts derzeitiger weltweiter Kriege mit den Folgen von Flucht, Armut und Inflation drohen verzweifelte Ohnmacht oder Rebellion und Protest.

Deshalb denke ich: Jeder, der Waffen entwirft, baut, mit ihnen handelt und sie einsetzt, sollte wissen, dass er Gräueltaten bis hin zum Mord unterstützt. Und jeder Machthaber, der über Krieg oder Frieden entscheidet, sollte bedenken, dass es menschenunwürdig und höchst kriminell ist, Volk, Natur, Wohnungen, Arbeitsstätten und Infrastruktur durch den Einsatz von Bomben, Raketen und anderem modernem „Kriegsspielzeug“ zerstören zu lassen.

Weltweite Ankündigungen wie zum Beispiel „UNO für Intensivierung der Friedensarbeit“ würden viel Leid und Not verhindern. Denn Kriege wären überholt, wenn so viel Energie, Zeit, Geld, Fantasie und Intelligenz für die

Friedensförderung aufgewendet würden, wie den militärischen Aufrüstungen geopfert werden.

Folgende Millenniumziele der UNO zeigen, wie viel zu tun wäre für: Frieden, Sicherheit und Abrüstung, Entwicklung und Armutsbekämpfung, Schutz der gemeinsamen Umwelt, Menschenrechte, Demokratie und gute Regierungsführung.

Jeder Mensch könnte bei sich selbst anfangen, das Leben in seinem Umfeld sinnvoll, friedlich, kreativ, glücklich und würdig gestalten und mit Gleichgesinnten kooperieren.

Heute hofft die Zivilgesellschaft auf ein Ende der weltweit mordenden und die Umwelt zerstörenden Materialschlachten. Auch wenn in der Waffenindustrie Arbeitsplätze verloren gehen: Für ein menschenwürdiges Leben aller Erdbewohner warten viele sinnvolle Aufgaben. „Die Welt hat genug für jedermanns Bedürfnisse, aber nicht für jedermanns Gier“, sagte Mahatma Gandhi.[3]

St. Wolfgang, am 06.10.2023
Erna Schroedter

KAPITEL 1

Kriege und Frieden vor über 1000 Jahren

Als der Bayernherzog, Heinrich der Zänker, mit Kaiser Otto II. in Regensburg Krieg führte, zog sich Bischof Wolfgang von Regensburg in den Bereich des Klosters Mondsee zurück „und sucht in strenger Einsamkeit den Himmel". So steht es auf einer Bildtafel in der Kapelle am höchsten Platz des Falkenstein-Weges, über den unzählige Pilger seit dem frühen Mittelalter St. Wolfgang im Salzkammergut erreichten. Der Bischof gründete während der Zeit seines Rückzugs mehrere Pfarrkirchen im heutigen Ober- und Niederösterreich.

Das Gnadenbild des Hl. Wolfgang im Schwanthaler-Altar der Kirche von St. Wolfgang zeigt einen feinsinnig hinhorchenden Bischof. Das ist die Haltung eines Menschen mit einem achtsamen Herzen. Diese Haltung des Mitfühlens beschrieb Antoine de Saint-Exupéry treffend: „On ne voit bien qu'avec le coer", sagt der Fuchs im Buch „Le Petit Prince".[4]

Der Hl. Wolfgang, Namenspatron berühmter Männer wie Goethe und Mozart, wirkte an einem kulturellen Aufschwung und einer sozialen Neuordnung in seiner Zeit mit. Er lebte von 924 bis 994. Neben vielen Legenden, die im späteren Mittelalter entstanden, bilden die Handschriften zweier Mönche umfangreiche

Geschichtsquellen. Beide Biografen, Arnold und Otloh, wurden in der besten Klosterschule jener Zeit, in St. Emmeram in Regensburg, erzogen.[5]

Aus der Gegend der schwäbischen Kleinstadt Pfullingen kam Wolfgang als Schüler auf die Insel Reichenau. Danach studierte er mit seinem Schulfreund Heinrich in Würzburg. Heinrich aus der Adelsfamilie der Babenberger wurde durch König Otto I. zum Erzbischof von Trier ernannt. Als Erzbischof holte er seinen Freund Wolfgang nach Trier, wo dieser Leiter der Domschule und Dekan der Kleriker wurde. Höhere Ämter wurden in jener Zeit von Adeligen ausgeübt. Wolfgang kam jedoch nicht aus einer adeligen Familie. Nach dem frühen Tod des Erzbischofs Heinrich wurde Wolfgang nach Köln berufen. Köln war damals das intellektuelle und künstlerische Zentrum des Reichs der Ostfranken. Dort regierte in der Hofkanzlei der Bruder des Kaisers, der Gelehrte Brun, als Reichskanzler.

Brun, auch Bruno genannt, war auch Erzbischof in Köln und Vormund seines Neffen Lothar, des Regenten von Frankreich. Wolfgang wurde Sekretär von Brun. Aber etwa vierzigjährig entsagte er hohen weltlichen Ämtern und bat um Aufnahme in den Benediktiner-Orden in Einsiedeln in der Schweiz. Das neu gegründete Kloster wurde im Geiste der Gorzer Reform geführt, die von der Benediktinerabtei Gorz in Lothringen ausging mit aufgezeichneten Regeln und einheitlicher Ordenskleidung. Wolfgang baute dort die Klosterschule auf, unterrichtete die „Sieben freien Künste"[6] und antike Schriften. Bischof Ulrich von Augsburg weihte Wolfgang zum Priester. Zehn Jahre nach dem Eintritt in das Kloster und nach einer Missionsreise zu den Ungarn wurde Wolfgang von Kaiser Otto II. zu Weihnachten 972 in Frankfurt zum Bischof von Regensburg ernannt. Zeitzeugen hatten sich gewundert, dass die Wahl auf diesen armen und unbekannten Mönch fiel, da sich bereits etliche Adelige mit Geschenken beim Kaiser beworben hätten. Es waren offensichtlich die besonderen Fähigkeiten Wolfgangs, der glaubensstarken, gelehrten, amtskundigen und demütigen Persönlichkeit, deretwegen die Wahl auf ihn fiel. Er selbst wäre lieber nach Einsiedeln zurückgekehrt, „weil die Welt unter dem Schein der Religion viele zum Bösen verführe“.[7]

Nach der Weihe in Regensburg „ging er mit Energie ans Werk“ und wollte auch als Bischof „kein besseres Kleid, keine köstlicheren Speisen, kein weicheres Bett als zuvor.“[8] Seine Entscheidungen und das friedenstiftende Wirken beeinflussten die Geschichte von Regensburg und auch unserer Region. In Regensburg gründete Bischof Wolfgang die Domschule, einen Chor[9], das Skriptorium und er ließ eine Bibliothek bauen. Da er in seinem großen Bistum viele Kirchen stiftete, wurde er auf Bildern oder Skulpturen später meistens mit einer Kirche in der Hand dargestellt. Ein Herzensanliegen war ihm die Sorge für die Armen, besonders im Hungerjahr 986, als er aus seinen Vorräten großzügig spendete. Bischof Wolfgang verbesserte die Bedingungen für Ordensleute durch eine streng geregelte Lebensweise. Klöster gestaltete er zu Bildungszentren. Seine

Biografen lobten den Prediger Wolfgang, der die Herzen stets rührte. Tatkraft bewies Bischof Wolfgang als Begleiter von Kaiser Otto II., der den angreifenden König der Westfranken 978 bis Paris zurückdrängen musste. Während der Rückkehr nach Ostfranken ritt der Bischof mutig durch den scheinbar unpassierbaren Fluss Aisne im heutigen Nordfrankreich und ihm folgten die 60 000 Soldaten nach.

Bischof Wolfgang war oft auf Visitationsreisen und er starb in Pupping in der Nähe der Donau im heutigen Oberösterreich. Er wurde sieben Tage lang ins Kloster Emmeram in Regensburg flussaufwärts überführt und ruht dort in der Krypta.

Im Jahrhundert vor der Geburt von Wolfgang wurde das Reich Karls des Großen (747-814) in Westfranken und Ostfranken geteilt. Ostfranken zerfiel in mehrere Herzogtümer. Durch Fehden zwischen den Herzögen, Überfälle aus dem Osten und kriegerische Feldzüge aus dem Westfranken-Reich entstanden archaische Zustände. Dies führte auch zu einem wirtschaftlichen und geistigen Verfall vieler Klöster.

Die Sachsenkönige, die während der Lebenszeit des Bischofs Wolfgang erfolgreich regierten, konnten die ins Reich eindringenden Slawen und Ungarn[10] besiegen. Im geordneten Ostfranken blühte die Kultur wieder auf. Bischof Wolfgang erreichte nach zwei Kriegen sogar eine Aussöhnung zwischen dem Bayernherzog und dem Kaiser. Herzog Heinrich (der Zänker) regierte Bayern durch den Einfluss des Bischofs danach zehn

Jahre friedliebend, tatkräftig und gerecht. Und sein ältester Sohn Heinrich, unter der Obhut des Bischofs Wolfgang in Regensburg geschult und erzogen, folgte Kaiser Otto III. auf den Thron. Der Zeitzeuge Thietmar lobte Wohltaten Kaiser Heinrichs II., des Heiligen, für das Reich und die Kirche als „Frucht aus Wolfgangs Saat“[11]

KAPITEL 2

Eine Familie vor dem Ersten Weltkrieg[12]

Acht Söhne und eine Tochter wuchsen in der Mühle am Schwarzenbach in St. Wolfgang ab 1909 auf. Peter, der fünfte Sohn, beschrieb viele Jahre später das Leben im Elternhaus vor dem Ersten Weltkrieg. Er erinnerte sich an eine glückliche, friedliche Kindheit, in Wald und Wiese spielend: „Mit fünf Jahren wurden ich und die anderen Geschwister zu kleineren Arbeiten eingespannt: im Feld helfen, der Mutter Holz in die Küche tragen, in der Mühle dem Müller Säcke aufhalten zum Einfüllen von Mehl und Mahlprodukten.“[13]

Festtage und Maiandachten bei der Hauskapelle feierten alle gemeinsam mit Knechten, Mägden und der Familie des Stiefgroßvaters, die im Nebenhaus der Mühle wohnte.

Besonders vor Weihnachten halfen alle zusammen, um das zusätzliche „Zeltenbacken“ zu bewältigen. Die Zelten waren Brote aus Dörrobst, Nüssen und Gewürzen mit einer sehr dünnen Roggenteighülle. Die letzte Woche vor Weihnachten war dann eine „Schwitzwoche für Jung und Alt“. In der Mühle mussten vom Dach bis zum Keller alle Maschinen, Transmissionen, Aufzüge, Silos, Böden und Stiegen entstaubt und sorgfältig gereinigt werden. Ebenso wurden Backstube, Verkaufsladen und Schreibzimmer, Küche, Stube und Schlafzimmer sehr gründlich geputzt. Am 24. Dezember mittags begann die Feiertagsruhe. Vor dem reichlichen gemeinsamen Abendessen ging man räuchern: Der Vater trug die alte Eisenpfanne mit Weihrauch in der Glut vor den Großen und Kleinen, die ihm in alle Räume folgten. Einige Kerzenträger erhellten den Weg im Haus und die Mutter verteilte mit einem Buchsbaumzweig aus einem Weihwassergefäß den „himmlischen Segen". Sämtliche Türen wurden mit den Buchstaben K M B beschriftet. „Das machte der Schernthaner Sepp, der besonders schöne, verzierte Buchstaben schreiben konnte." Nach dem Essen wurde beim nach Tannenzweigen und Bienenwachs duftenden Christbaum gesungen, „Unterhaltung gepflegt" und gebetet, bis alle vor Mitternacht zur Christmette in die Kirche gingen. Nach der Mette bekamen zu Hause jede und jeder ein Paar Würstel.

Auch die Pfingstprozession gehörte zum bäuerlichen Brauchtum: Unter Anführung des Vaters und Stiefgroßvaters gingen Kinder, Frauen und Männer am Pfingstsonntag bei Sonnenaufgang in einer geordneten Reihe betend durch den Wald, um die Wiesen, Getreide- und Kartoffelfelder, Obst- und Gemüsegarten, auch durch die Stallungen und um die Wohngebäude. „Dieser Frühsommer-Betgang war das schönste Erlebnis in meiner Jugendzeit. Besonders wenn ein schöner Morgen war. Die frische Luft zwischen vier bis sechs Uhr war einfach herrlich", erinnerte sich Peter.

Die verschiedenen Arbeiten im großen Haushalt waren an die älteren, vor der Jahrhundertwende geborenen Geschwister verteilt: In der Mühle wurden die Brüder Hans und Irig von Schernthaner Sepp unterstützt; in der Bäckerei war der Bruder Gang mit der Bäckerin Franziska; im Fuhrpark, Feld und Stall arbeitete Bruder Hiasl mit drei Knechten; in der Küche kochten die Schwester Wawi mit der Mutter und einer Magd; im Stall melkte eine Stalldirn die Kühe; Peter lieferte später mit dem Ponywagen Mehl, Kleie, Getreide und vor allem täglich Brot zum Verkaufsladen in St. Wolfgang und in Geschäfte von Strobl und Radau.

Die jüngeren Brüder – Sepp, Franz und Ferdl – wuchsen gleich wie ihre älteren Geschwister nach dem Ende der Schulpflicht zum 14. Geburtstag in unterschiedliche Aufgaben hinein. Die Mühle, die Bäckerei neben der großen Küche, die Landwirtschaft mit drei Almen, Wälder, ab 1909 ein elektrisch betriebenes neu gebautes Sägewerk, später eine Tischlerei, Schmiede und eine Viehwaage boten vielerlei praktische Erfahrungen. Die geordnet geführte Lebens- und Arbeitsgemeinschaft und die liebevolle Fürsorge der Eltern förderte die Entwicklung der Kinder zu verantwortungsvollen Erwachsenen.

Die Familie mit neun Kindern und der Stiefgroßvater im Nebenhaus mit seiner Tochter, der zweiten Ehefrau und vier Kindern seiner Tochter bildeten mit sieben Knechten und Mägden einen großen Selbstversorger-Haushalt. Brot, Milch, Käse und Butter, Fleisch, Eier, Obst, Gemüse und Kräuter, auch Wolle für Westen, Pullover und Socken, Flachs für Leinen, Brennholz, Möbelholz und Baumaterial: Alles wurde in der Gemeinschaft erarbeitet. Dies gelang durch tradierte

Ordnung, selbstverständliche Zusammenarbeit und eine wohlwollende Aufsicht der Eltern.

In jener Zeit wurde fast in jedem Haus vor allem abends gesungen und musiziert. Unterschiedlicher Wohlstand der Haushalte zeigte sich in der Sauberkeit der Kleidung und Wäsche, der Fußböden, Geräte, Einrichtung und Fenster sowie vor allem an der Art des Zusammenlebens und der Gastfreundschaft.

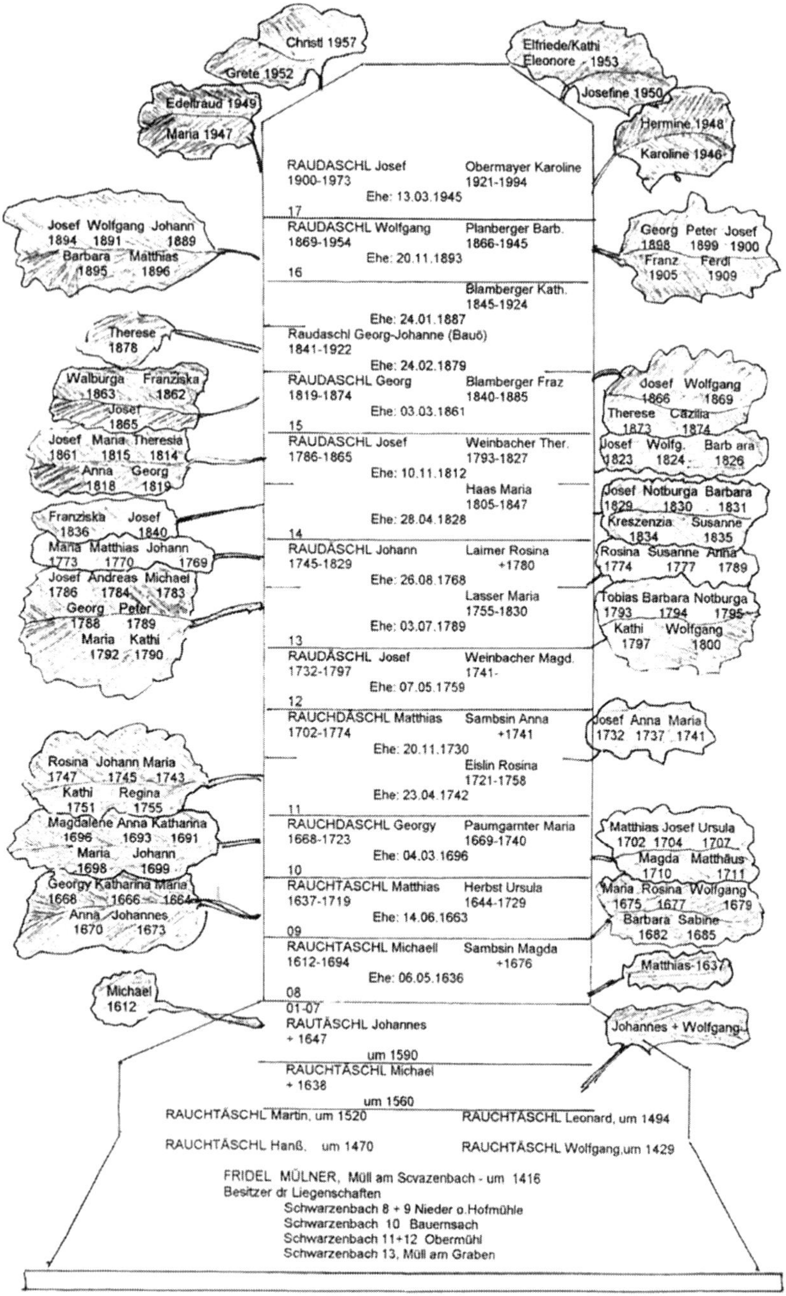

Stammbaum seit 1416[14]

Familienmitglieder mit ihren		
Taufnamen	**Geb.- u. Todes-Jahren**	**Rufnamen**
Eltern		
Wolfgang Raudaschl	1869–1954	Voda
Barbara Plamberger	1866–1945	Muada
Kinder mit Ehefrauen und Kindern		
Johann	1889–1941	Hans
		mit Burgl und Kindern: Wawi, Lini, Hilda, Hans, Gretl, Burgi, Gangi
Wolfgang	1891–1951	Gang
		mit Maria und Kindern: Maria, Liesl, Wettl, Gretl, Gang, Kathi, Hans
Barbara	1895–1976	Wawi
		mit den Kindern: Fanni, Gang
Mathias	1896–1915	Hiasl
Georg	1898–1941	Irig
		mit Emma und Kindern: Friedl, Hubert, Georg
Peter	1899–1990	Peter
		mit Miazl und Kindern: Marianne und Peter
Josef	1900–1973	Sepp
		mit Lini und Kindern: Lini, Maria, Mini, Traudi, Fini, Greti, Kati, Lori, Christl
Franz	1905–1972	Franzl
		mit Rita und Kindern: Dorli, Christilein

Ferdinand	1909–1944	Ferdl
		mit Hilda und Tochter Erna
**Ergänzung zu den Kindern von Franz*		
Dolores Bauer	1934–2010	
https://oe1.orf.at/artikel/208898/Dolores-Bauer		
Christian Raudaschl	1940–2013	
http://www.chorus-lacus-felix.at/high_2014_01_tot_raudaschl		

Familiengründungen

Nach den Brüdern Gang, Hans, Irig und der Schwester Wawi heiratete Franz im Oktober 1928 Rita, die vorher Hauslehrerin bei der Familie von Hoensbroech war. Diese wohlhabende, adelige Familie aus Köln kam zur Sommerfrische in ihre Villa nach Schwarzenbach.

Für Gang hatte der Großvater das Hoisgut in Abersee gekauft. Hans gründete mit seiner Frau Burgl ein Lebensmittelgeschäft in St. Wolfgang, das bis heute als einziges Nahversorgungsgeschäft im Ort familiär geführt wird. Irig führte die Weißbrot-Bäckerei mit dem Verkaufsladen im Stöckl in St. Wolfgang mit seiner lieben Frau Emma. Wawi bekam das Haus gegenüber der Bäckerei mit einem Lebensmittelgeschäft. Franz, der vorwiegend die Schreibarbeiten für seinen Vater und den Verkauf erledigte, lebte mit Rita in dem renovierten Nebenhaus der Mühle, bis sie 1938 das Wohnen in der Stadt Gmunden vorzogen. Franz bekam eine Verwaltungsaufgabe im Rathaus und glaubte an ein sicheres Einkommen durch die Urkunde als „Beamter auf Lebenszeit". Seinen Eltern gefiel diese Entscheidung nicht, weil er dadurch ein NS-Mitläufer wurde. Besonders kränkte sie sein Austritt aus der katholischen Kirche. Nach dem Kriegsdienst und der Gefangenschaft half Franz wieder im ehemaligen elterlichen Betrieb seinem Bruder Sepp. Etwa zehn Jahre verbrachte Franz nur die Wochenenden bei seiner Familie. Sein Sohn Christian erzählte mir später: „Aufgewachsen bin ich eigentlich allein mit meiner Mutter, die sehr viele Lieder kannte und mir schon mit vier Jahren Klavier spielen lehrte. Ich habe schon im Kindergartenalter mit dem Wiener Sänger Ludwig Schmitzeder vor Verletzten im Lazarett gesungen. Er hat mich kleinen Stöpsl aufs Klavier gestellt und ich hab' g'sungen: ‚Franzl, dein Wien lässt dich grüßen.'"

Ferdl mit Hilda, meine Eltern, lebten nach dem Auszug der Familie von Franz wenige Jahre in dem gelben Haus neben der Mühle sehr glücklich und zufrieden. Ich wurde dort 1940 geboren. Ferdl war der letzte Müller der seit 1416 nachgewiesenen Generationsfolge. Bis März 1943 als unabkömmlich eingestuft, musste er schließlich doch noch zur Deutschen Wehrmacht, der er sein Leben opfern sollte. Zwei Jahre später zogen Muada und Voda zu Hilda, nachdem ihr Sohn Sepp und seine Braut Lini im Dezember 1944 den elterlichen Besitz erhalten und im März 1945 geheiratet hatten. Muada war an einem sonnigen Wintertag liegend in das Nebenhaus getragen worden. Dort starb sie am 10. April 1945. Hilda betreute und pflegte auch Voda bis zu seinem Tod im Jahr 1954. Sie bezog danach das Haus Schwarzenbach 48, das Voda ab 1948 neu bauen ließ. Ich erlebte eine behütete Kindheit mit vielen Kontakten zu Cousinen, Cousins und Nachbarkindern im von Kriegszerstörungen verschont gebliebenen Salzkammergut. Die vier Kilometer Fußweg nach St. Wolfgang in die Volksschule wurden mir nie zu weit. Zehnjährig bestand ich die Aufnahmeprüfung für das Bundes-Realgymnasium mit einem Freiplatz im Internat und ich maturierte 1959 im Schloss Traunsee in Altmünster.

KAPITEL 3

Einberufungen zur Deutschen Wehrmacht

Die Brüder Franz aus Gmunden und Ferdl aus St. Wolfgang waren zum 25.03.1943 nach Linz einberufen. Vom Sammelplatz erfolgte die Einteilung in verschiedene Kasernen zur Grundausbildung. Ferdl kam nach Brünn, Franz nach Enns. Die Brüder ahnten damals noch nicht, dass sie einander nie mehr sehen würden. Franz war im 38. Lebensjahr bei der Einberufung, Ferdl vier Jahre jünger.

Ferdl wurde zuerst als Infanterist in der Normandie eingesetzt. Im Herbst 1943 kam seine Einheit in den Mittelabschnitt der Ostfront bei Minsk. Dort hatte er ab Mai 1944 etwa 50 km hinter der Kampflinie die Aufsicht eines „Pferdelazaretts“ übertragen bekommen. Während des Rückzugs der Deutschen Wehrmacht an der Ostfront brach Anfang Juli die Postverbindung plötzlich ab. Auch Nachfragen bei der Einheit blieben unbeantwortet. Ein aus sibirischer Gefangenschaft heimgekehrter Kamerad von Ferdl berichtete 1947, dass die Einheit Anfang Juli 1944 östlich und im Bereich von Minsk „eingekesselt“ und „aufgerieben“ worden war.

Sechzehn Wochen dauerte die Grundausbildung von Franz in Enns. Nach einem Monat in der Kaserne

Würzburg kam er zu einer Reservekompanie in die Westukraine nach Kamionka (heute: Kamjanka-Buska) bei Lemberg bis November 1943. Durch Polen, Allenstein in Ostpreußen (heute: Olsztyn in Emland Masuren) und die heutigen baltischen Staaten erreichte er im März 1944 seine Einheit im Nordwesten Russlands. Er war dort als Lastwagenfahrer für die Versorgung der Frontsoldaten eingesetzt. Im Juni 1944, als die Rote Armee die Frontlinie vom Norden bis in den Süden angriff, zog sich seine Einheit bis Kurland in Lettland zurück. Von dort gelang die Rückkehr ins Deutsche Reich über den Seeweg kurz vor Weihnachten 1944. Den ganzen Jänner 1945 genoss Franz eine Unterkunft bei einer sehr gastfreundlichen Familie in Offenbach in Wartestellung. Am 03.02.1945 wurde er zur kämpfenden Truppe befohlen. Nach einer kurzen Ausbildung als Infanterist stand er westlich des Rheins im März 1945 nur 200 Meter entfernt amerikanischen Soldaten im Kampf gegenüber. Wo und wann er in amerikanische Gefangenschaft geriet, ist heute nicht mehr feststellbar.

Besuche und Urlaube

Durch die Grundausbildung Ferdls in Mähren waren Kurzbesuche an Sonntagen und zu Ostern nicht möglich. Erst während der Übungen in Döllersheim im Waldviertel konnte Hilda an einem Wochenende ihren Ferdl besuchen. Im Juni 1943 bekam er einen Urlaub vor seinem ersten Einsatz in Frankreich. Wie schwer ihm der Abschied später, im April 1944, am Bahnhof Attnang-Puchheim von seiner Familie fiel, beschrieb er in einem der letzten Briefe seinem Bruder Franz.

Rita besuchte Franz schon an den ersten Sonntagen während seiner Grundausbildung in Enns im Kasernengelände, weil die Rekruten während der ersten drei Wochen die Kaserne nicht verlassen durften. Danach waren Besuche und Nachturlaube zum Wochenende nur im Umkreis von 50 km ohne Bahnbenutzung erlaubt. In fast jedem der Briefe aus Enns ist das Hauptthema, wann und wo man sich treffen könnte. Für den Besuch von Rita in Würzburg konnte nur eine sehr schlechte Unterkunft gefunden werden. „Wehen Herzens habe ich Dich, Liebste, wieder abreisen lassen müssen", schrieb Franz am 06.08.1943. Am 16.08.1943 kam er rechtzeitig vor der Abfahrt mit unbekanntem Ziel von einem Wochenendurlaub aus Gmunden zurück. Aber von Besuchen seiner Frau in der Westukraine oder in Ostpreußen hatte Franz abgeraten: „Die Reisen sind gefährlich. Es kommen Überfälle der Partisanen vor. Gerade vor einer Woche entgleiste wieder ein Personenzug zwischen hier und Lemberg, weil die Schienen aufgerissen waren. Dazu kommt die Gefahr der Luftangriffe im Reich. Du darfst Dein Leben nicht unnötig aufs Spiel setzen. Weiters besteht ja die Einreisebeschränkung. Im Übrigen spielt auch die Quartierfrage eine Rolle, die hier zweifellos schwieriger ist als irgendwo im Reich."

Franz konnte im November 1943 zur Goldenen Hochzeit und dem 50-jährigen Betriebsjubiläum seiner

Eltern fahren. Die Urlaubsgenehmigung zu diesem Familienfest wurde kurzfristig erteilt. In den Briefen davor hatte Franz von seinem Ansuchen, dem Warten auf eine Antwort und dem Hoffen auf ein Wiedersehen geschrieben. Nach dem Sonderurlaub am 27.11.1943 bedankte er sich aus Wien für die Begleitung der Familie bis Attnang-Puchheim. Im „total überfüllten" Zug konnte er nur auf seinem Koffer sitzen und wegen zweistündiger Zugverspätung in Wien erreichte er den Anschlusszug nicht mehr. In der Nähe des Nordbahnhofs übernachtete er in einer Wehrmachts-Unterkunft. Am 28.11.1943 kam er um 12 Uhr nachts in der verschneiten Stadt Lemberg an. Am 29.11.1943 fuhr er weiter nach Kamionka und erfuhr beim Verlassen des Bahnhofs, dass seine Einheit schon am 27.11.1943 überraschend innerhalb einer 48-Stunden-Frist abrücken musste. Ein Nachrückkommando von fünf Mann reinigte die verlassenen Buden und folgte geschlossen der Einheit mit den zurückgekehrten Urlaubern in die Nähe von Warschau. Später bekam Franz noch einen Kurzurlaub, als in Allenstein in Ostpreußen sein defekter Lastwagen und ein zweiter eines Kameraden den ganzen Jänner 1944 nicht einsatzbereit waren.

Ferdl erhielt keine Urlaubsgenehmigung zum großen Fest seiner Eltern wegen seiner Versetzung nach Weißrussland, heute Belarus. Trotz der Kriegsumstände sind auf dem Foto der Goldenen Hochzeit, aufgenommen zwischen Kirche und Pilgerbrunnen in St. Wolfgang, neunzig Personen mit dem Jubelpaar erkennbar. Im April 1944 war es umgekehrt: Der Vater schrieb den Söhnen

Franz und Ferdl, die Mutter sei sehr krank. Alle Bemühungen von Franz, für einen Besuch seiner Mutter Urlaub zu bekommen, waren vergeblich gewesen.

Nach den Urlaubstagen von Ferdl zu Ostern 1944 hatten alle aus der Familie sehr lange geglaubt, dass er wieder nach Hause kommen würde, obwohl Nachrichten von ihm zwei Monate später ausgeblieben waren. Es gab weder eine Vermisstenanzeige noch eine Todesnachricht.

Franz konnte seine Familie fast zwei Jahre nicht mehr besuchen. Erst nach der Entlassung aus der Kriegsgefangenschaft Ende des Jahres 1945 gab es ein Wiedersehen.

Der Heimkehrer ging zuerst zur Familie seines ältesten Bruders Hans in St. Wolfgang. Dort erfuhr er vom Tod seiner Mutter im April 1945. „Ich habe nie einen Mann so heftig weinend erlebt", erzählte mir später Wawi, die 1918 geborene älteste Tochter von Hans. Franz kam aus einem Lager amerikanischer Gefangener in Frankreich mit der Bahn. Vom Bahnhof der Lokalbahn Salzburg-Bad Ischl in Abersee fuhr ein Schiff zur Schiffsstation neben dem Weißen Rössl. Da Franz über acht Monate keine Nachricht von zu Hause bekommen hatte, wollte er in St. Wolfgang erfahren, wie die Familie das Kriegsende überstanden hatte. Danach kam er zu seinem Vater. Ich erinnere mich an die überaus herzliche Freude und Erleichterung über seine überraschende Ankunft. Ich durfte im Taxi mitfahren, das Voda bestellt hatte, um seinen Franzl abends nach Gmunden zu seiner Familie zu begleiten. Der fünfjährige Christian spielte zur Begrüßung am

Klavier ein Musikstück. Er erzählte mir später, dass er im Treppenhaus bei der Begrüßung seinen Vater zuerst wie einen fremden Mann empfunden hatte.

Auch ich hatte das Wiedersehen mit meinem Vater im Frühling 1944 ähnlich erlebt. Aber die Vertrautheit stellte sich sehr schnell wieder ein! Ich erinnere mich an einige sehr schöne Augenblicke mit ihm während seines letzten Urlaubs.

Nach Glasnost stellte ich an den Suchdienst des Deutschen Roten Kreuzes (DRK) in München eine Anfrage zum Verbleib meines Vaters. Erst 1997 bekam ich die Antwort, dass mein Vater in russischer Gefangenschaft verstorben sei. Später teilte mir die „Wehrmachtauskunftstelle" (WASt) in Berlin mit, in welchem Lager er zuletzt war. Im April 2008 gelang mir eine Angehörigenreise nach Mykolajiw in der Südukraine. Diese Reise war vom „Volksbund Deutsche Kriegsgräberfürsorge" in Kassel organisiert worden.

Am 29.05.2008 schickte mir der Suchdienst des DRK die Kopien der Akte von „Ferdinand Raudaschl, gestorben am 25. November 1944, aus den Archivbeständen der Russischen Föderation". Daher ist gewiss, dass mein Vater in Minsk gefangen genommen wurde und gut vier Monate danach im Lager 126 in Temwod/Mykolajiw in der Nähe des Schwarzen Meeres an Darmblutungen starb.

Postlos – trostlos

Jeder Soldat bekam eine Feldpostnummer, die gleichblieb, solange er bei einer Kompanie eingesetzt war. Es genügte die Anschrift: „An Franz Raudaschl F.P.N. 35048“. Die Briefe durften keine Informationen enthalten, die Feinde nützen hätten können, wie beispielsweise Ortsnamen, wo sich die Kompanie befand. Daher gab es eine Zensur. Wenn ein Soldat mit seiner Einheit in einen anderen Ort musste, dauerte die Zustellung seiner Post einige Wochen, weil die Post über eine Zentralstelle in Berlin umgeleitet werden musste. Das erlebte Franz zum ersten Mal in der Ukraine. Nur ein Kamerad bekam früher schon eine Nachricht von seiner Frau. Sie hatte ausnahmsweise in Würzburg Auskunft über den Aufenthaltsort ihres Ehemannes erhalten, an dem die Einheit vorher war. Denn sie musste ihm mitteilen, dass ihre gemeinsame Wohnung in Berlin „durch Bombeneinwirkung total kaputt ging“ und sich dadurch ihre Adresse geändert hatte.

„Ich habe das Vertrauen zur Feldpost vorläufig verloren,“ schrieb Franz am 04.10.1943, nachdem in einem verspätet angekommenen, geöffneten Päckchen die Hälfte des Tabaks fehlte. Zwei Wochen später erreichte ihn ein Päckchen mit fünf Wochen Verspätung. Nach der Verlegung der Kompanie in die Nähe von Warschau wusste keiner der Kameraden drei Wochen lang, was zu Hause los war. Für jedes liebe Wort fernab der Familie sei er sehr dankbar und es sei für ihn eine große Freude, endlich nach Wochen ohne Post wieder Briefe bekommen zu haben, schrieb Franz am

Weihnachtsabend 1943. Danach konnte er sich erst am 08. März 1944 bei seiner Ankunft an der Nordfront wieder über viele Briefe und Päckchen freuen. Denn die zeitaufwendigen Reparaturen an zwei Lastwagen und das komplizierte Nachrücken über Litauen und Lettland nach Russland trennten ihn und einen Kameraden lange von der Einheit. „Für mich ist es eine große Beruhigung, dass ich weiß, dass ihr gesund seid", war seine erste Antwort.

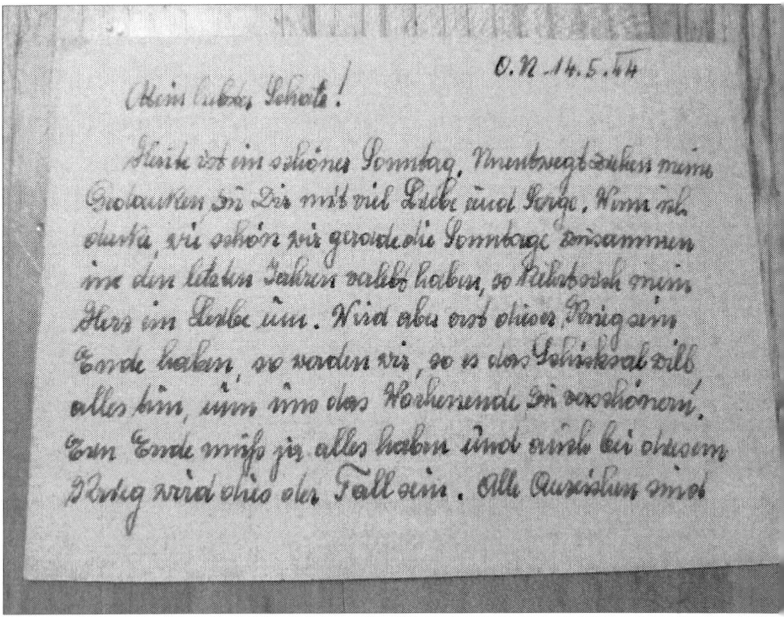

O.U. 14.5.44

Mein liebes Schatz!

Heute ist ein schöner Sonntag, unentwegt eilen meine Gedanken zu Dir mit viel Liebe und Sorge. Wenn ich denke, wie schön wir gerade die Sonntage zusammen in den letzten Jahren erlebt haben, so [illegible] mein Herz im Leibe um. Wird aber erst dieser Krieg ein Ende haben, so werden wir, so es das Schicksal will alles tun, um uns das Wochenende zu verschönern. Ein Ende muß ja alles haben und auch bei diesem Krieg wird dies der Fall sein. Alle Aussichten sind

Vier Monate später begann der Großangriff der Roten Armee auf die gesamte Ostfront der Deutschen Wehrmacht. Franz berichtete: „Ich bin ständig auf Tour. Deshalb komme ich weniger zum Schreiben [...] Sooft ich irgendwie kann, kriegst du Post von mir [...] Post ist immer ein Trostbringer [...] Bin ich noch so müde und abgearbeitet, so lebe ich auf, wenn ich Post von Dir bekomme, meine Liebste [...] Deine Briefe wurden mir vom Melder auf der Straße überbracht." Als die Einheit über den Landweg vom Deutschen Reich abgeschnitten war, erreichte die Post die eingeschlossene Truppe nur über den Luft- und Seeweg. Das Weihnachtspaket von Rita bekam Franz, als er schon auf dem Schiff war vor der viertägigen Seefahrt ins Deutsche Reich. Am 13.03.1945 erhielt er die letzte Nachricht von zu Hause. Danach durfte er am 12. April eine Rote Karte der US-Army mit der Heimatadresse ausfüllen, die Rita als Gefangenenmeldung zugeschickt wurde. In größeren Abständen konnte er ab August Nachrichten auf blauem Papier der US-Army schreiben. Er bekam aber von zu Hause keine Post ausgehändigt.

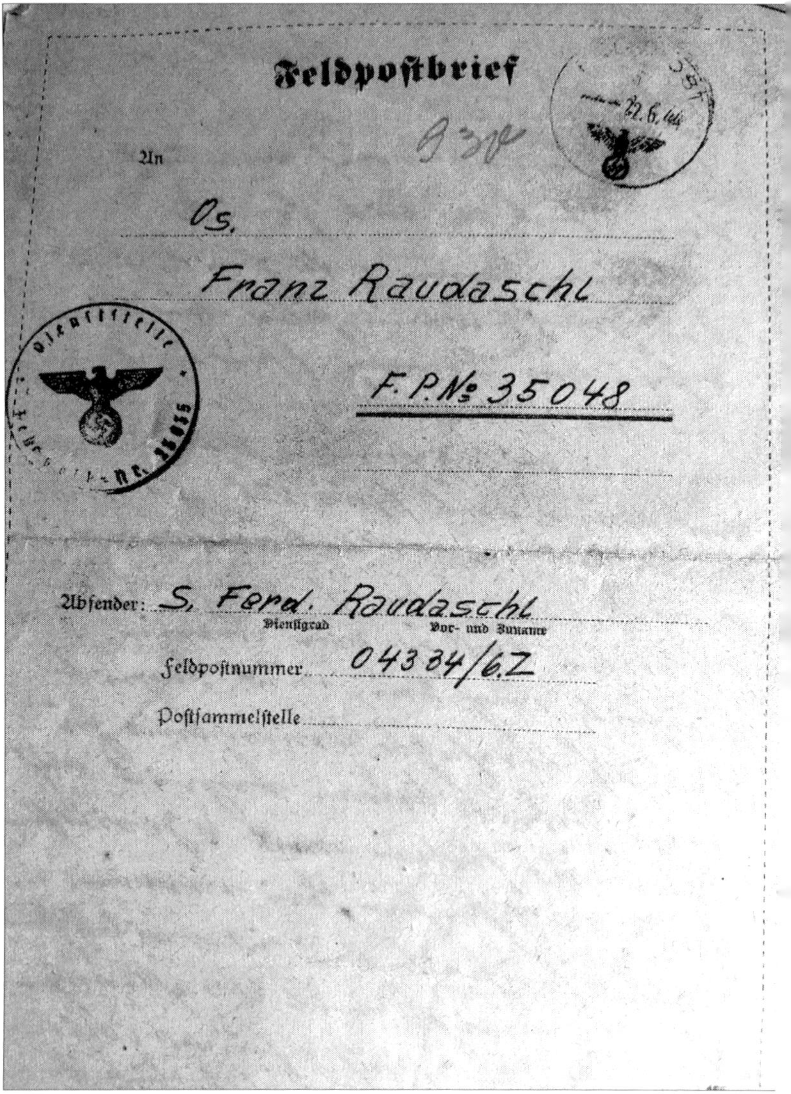
Feldpostbrief

An

Os.

Franz Raudaschl

F.P.№ 35048

Absender: S. Ferd. Raudaschl

Dienstgrad Vor- und Zuname

Feldpostnummer 04334/6.Z

Postsammelstelle

Vor- und Rückseite des letzten Feldpostbriefs von Ferdl an Franz

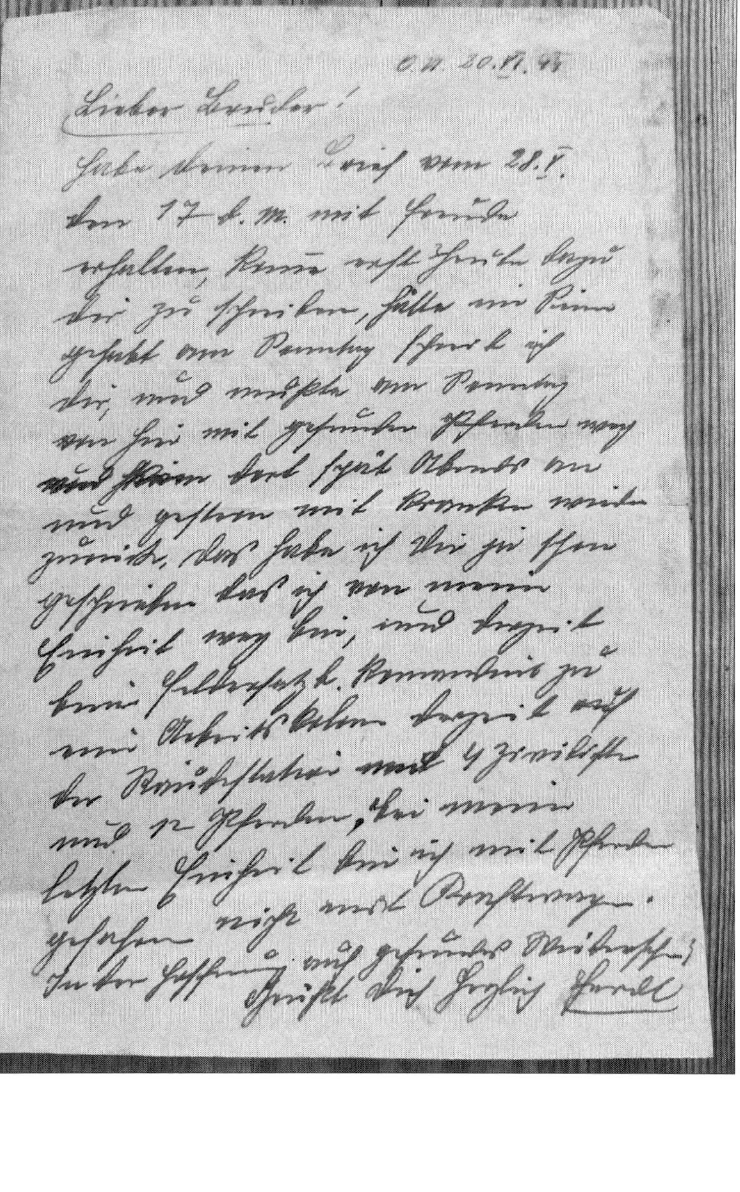

O.U. 20.VI.44

Lieber Bruder!

Habe Deinen Brief vom 28.V.
den 17. d. M. mit Freude
erhalten, konnte erst heute dazu
Dir zu schreiben, hatte nie Zeit
gehabt am Sonntag schrieb ich
Dir, und mußte am Sonntag
um früh mit gesunden Pferden weg
~~und kleine~~ bis spät Abends an
und gestern mit Kranken wieder
zurück. Das habe ich Dir ja schon
geschrieben daß ich von meiner
Einheit weg bin, und derzeit
beim Feldersatzbt. kommandiert zu
einer Arbeitsstelle derzeit auf
der Krankenstation ~~mit~~ 4 Zweiräder
und 12 Pferden, bei meiner
letzten Einheit bin ich mit Pferden
gefahren nicht mit Bespannung.
In der Hoffnung auf gesundes Wiedersehn
grüßt Dich herzlich Ferdl

Unterkünfte des Soldaten

Während der Grundausbildung in der Kaserne Enns schliefen 13 Männer in der „Stube 32“ mit einem „netten Obergefreiten“ aus Steyr. In Würzburg war die Unterbringung ähnlich. Der Transport von Würzburg nach Lemberg dauerte neun Tage mit stunden-, ja tagelangen Aufenthalten in Bahnhöfen auf einem Strohlager in einem Waggon. „Nachdem wir dies zum ersten Mal mitmachen, überbrückt der Reiz der Neuheit das weniger schöne.“ In der ukrainischen Kleinstadt Kamionka waren die Soldaten in einer Schule einquartiert. Auch die nächste Unterkunft in der Nähe von Warschau war eine Schule. Aber die Einsätze, die oft eine ganze Nacht und einen ganzen Tag andauerten, brachten es mit sich, dass „die Wohnung in diesen Fällen das Führerhaus vom Wagen“ war. „Der Motor erzeugt so viel Wärme, dass man nicht besonders zu frieren braucht und ab und zu auf ein kleines Weilchen einschlafen kann.“ Ab 05.01.1944 wohnte Franz mit seinem Kameraden während der Reparaturzeit an den LKWs in Allenstein im Josefsheim. Am 05.02.1944, auf der Fahrt zur Einheit, musste er eine Nacht im auf der Bahn verladenen Führerhaus des LKW „zusammengerollt wie ein Igel“ verbringen. In Elbing (heute Elblag in Polen) konnte er mit seinem Kameraden in der Kaserne schlafen, bis die Wagen wiederum in einen größeren Transportzug verladen wurden. Aber wegen der vielen Transporte an die Nordfront mussten sie abfahrbereit in einem Mannschaftswagen schlafen. Ein eiserner Ofen sollte wärmen. „Mich hat trotz der drei Decken und Mäntel gefroren. Es zieht doch mächtig herein." In Riga „logierten wir im Warteraum auf den Bänken." An der Nordfront wurden die Soldaten in „russische Hütten" einquartiert. „Der Ofen raucht fürchterlich. Das ganze Leben hier ist nicht mehr menschlich." Im Juni 1944 wurde wieder das LKW-Führerhaus das Zuhause mit wenig Beinfreiheit. „Die Fliegertätigkeit ist sehr rege. Ich musste schon oft aus dem Wagen, um Deckung zu suchen." Am 22.07.1944 hatte die Einheit eine „ruhigere Ecke" in Lettland erreicht. Geschlafen wurde unter freiem Himmel. Im Brief vom 26.07.1944 steht: „Hotel Wald und Wiese haben wir gegen eine Scheune vertauscht. Es wird doch schon frisch, besonders nach Mitternacht." Die Einheit versuchte auf dem Landweg nach Deutschland zu kommen. Am 03.10.1944 schrieb Franz: „Südlich von Libau sind wir in einer Försterei untergebracht. Ein Massenquartier mit 50 Mann in einer Stube." Im Brief vom 17.10.1944 steht: „Aus dem ‚Führerhauptquartier' sende ich Dir einige Zeilen [...] Unser Schlaf- und Aufenthaltsraum ist ein Heuboden. Mir wurde es dort zu kalt. Hier ist es zwar auch nicht allzu warm, aber zumindest ist die Zugluft weg." Der Durchbruch ins Deutsche Reich wurde von der Roten Armee verhindert. Die Einheit zog sich wieder in ein ruhiges Gebiet Kurlands zurück. Bericht vom 20.10.1944: „Diesmal sind die Quartiere als gut zu bezeichnen." In zerstreut liegenden Häusern lettischer Bauern waren sie in warmen Stuben untergebracht. „Gegenseitig erleichtert man sich das Leben. Dies ist ohnehin hart." Kurz vor Weihnachten 1944 begann die gefährliche Fahrt über das Meer. Es folgten Bahntransporte von Westpreußen nach Rheinhessen, wo die Soldaten in Privathäusern einquartiert wurden. „Eine Unterkunft wie in Offenheim werden wir kaum mehr bekommen. Ein gutes Bett, guter Wein und reichlich zu essen.“ In Bad Kreuznach, halb zerstört, war lange kein Gasthaus zu finden und in Idar-Oberstein fanden die Soldaten Unterkunft im Luftschutzbunker. Am 13.02.1945 berichtete Franz, dass er das Fahrzeug abgeben musste, eine Nacht in einem Privatquartier in Nonnweiler, Kreis Trier, war und: „Schusters Rappen werden uns in Hinkunft treue Kameraden sein müssen.“ Es folgte eine kurze Infanterie-Ausbildung mit Übernachtungen in Privatquartieren.

Bin gesund und munter

„Sorg Dich nicht um mich, mir geht es hier gut“, schrieb Franz seiner lieben Rita nach der Ankunft in der Kaserne Enns. In den meisten Briefen, auch zum Schluss aus der Gefangenschaft, beruhigte er mit den Worten: „Bin gesund und munter.“

Doch während der langen, beengten Bahnfahrt von Würzburg nach Kamionka bekamen fast alle 26 Soldaten im „Mannschaftswaggon“ eine „Magenverstimmung“. „Durch zweitägiges Hungern habe ich es überwunden“, berichtete Franz.

Einmal, in der Ukraine, verletzte er sich beim Ballspielen am Mittelfinger der rechten Hand. „Momentan hatte es den Anschein, als wäre der Finger gebrochen. Dies ist aber nicht so und es wird daher die kleine Verwundung bald wieder geheilt sein.“

Am 07.10.1943, immer noch in Reservestellung, bat er seine Frau nach einer Empfehlung eines Oberleutnants, ihm den Petroleumkocher zu schicken. „Bei einem Tischler lässt Du mir ein leichtes Holzkisterl machen, wo der Kocher gut Platz hat, damit man diesen bequem und ohne ihn zu beschädigen transportieren kann."

Einen Monat später erwähnte er Entbehrungen und stellte fest: „Aber alles ist leichter mitzumachen, wenn man sich körperlich und seelisch stark fühlt."

Am 10.12.1943 war Franz bereits als Kraftwagen-Fahrer im Einsatz: „Der Kocher leistet mir ganz vorzügliche Dienste. Wenn wir spät nachts oft in die Kaserne kommen, dann ist nur kaltes Essen vorhanden, das warm gemacht doppelt so gut schmeckt. So muss der Landser sich abhelfen, dann kommt er besser durch und braucht nicht so viel von seiner Gesundheit zu opfern."

Am 14.03.1944 berichtete Franz von einer 500 km langen Fahrt, die er mit Magenschmerzen nach einer Wurstvergiftung durchstehen musste: „Zum Glück hast Du mir ein Mittel mitgegeben, was tatsächlich ziemlich rasch wirkte."

28.03.1944: „Gestern war ich beim Zahnarzt, der mir den kranken Zahn ohne Einspritzung herauszog. Heute ist es besser." Am 29.04.1944 musste ein weiterer Zahn aus dem Oberkiefer entfernt werden. „An was das liegt, weiß ich nicht. Bisher habe ich solche Sachen nicht gekannt."

07.11.1944: „Mir geht es sonst gut. Ich habe nur ein Übel, dass das Zahnfleisch immer kleiner wird und sich daher die Zähne lockern. Ein Zahn muss in den nächsten Tagen wieder raus. Er fällt ohnedies schon fast von selbst heraus. Ich bekam allerdings Vitamin C. Ob das nun tatsächlich auch hilft, bleibt abzuwarten.“

Wenig später folgt der Bericht eines anderen Übels: „In den letzten Tagen habe ich bei mir die ersten Läuse entdeckt. Du kannst Dir meinen Schrecken beiläufig vorstellen. Ich bin aber rasch daran gegangen, diese wieder wegzubringen. Die Wäsche sofort ausgezogen [...] Diese etwa eine Stunde gekocht [...] Jeden Tag wechsle ich die Wäsche und koch sie immer wieder gut aus. In den letzten drei Tagen habe ich keine mehr bemerkt.“

Im letzten Brief von der Westfront, am 13.03.1945, schrieb Franz: „Heute hatten wir wieder länger als eine Stunde Trommelfeuer bekommen, vom Ami. Da geht es aus allen Rohren herüber. Ein fürchterliches Gefühl, mein Schatz, das kann ich Dir sagen. Unser Stützpunkt hat aber noch standgehalten, sodass wir auch dieses schwere Feuer überlebt haben. Ist das noch ein Leben. Aber man hängt doch daran. Am Ende, wenn wir diese schwere Zeit überstanden haben, muss ja doch wieder ein schönes Leben möglich sein.“

Zitate aus Briefen

14.10.1943 aus Kamionka: „Du stellst Dir das Leben hier viel ärger vor, als es tatsächlich ist. Hier ist es im Allgemeinen viel ruhiger als in großen Landesteilen der Heimat [...] Wir haben einen sehr fähigen Kompaniechef

[...] Nur nicht immer schwarz sehen [...] Solange der Geist bei der Truppe herrscht wie bisher, kann uns keine Macht der Welt überwinden. Also nur immer Mut."

01.11.1943: „Heute habe ich bei einem Begräbnis von zwei Kameraden teilgenommen. Sie sind dem Schnaps zum Opfer gefallen. Drei weitere schweben noch in Lebensgefahr. Einer davon soll erblindet sein. [...] Man erlebt hier die tollsten Dinge. Ich war unlängst auf Wache und hörte schon lange ein Toben auf einer Stube. Ich hörte Glas zerbrechen und eine Frau rief um Hilfe. Sie blieb im Nachthemd auf der Fensterbank sitzen und heulte fürchterlich. Ich ging mit einem Kameraden in die Stube und die Leute wurden langsam zur Besinnung gebracht. Ein Bild des Jammers. Das ist aber nur ein Beispiel von vielen Vorkommnissen. Dabei ist der Schnaps furchtbar teuer – 80 RM der Liter."

05.11.1943: „Vorgestern ist ein Kamerad um drei Uhr früh im Flur kopfüber aus dem Fenster gestürzt und seinen Verletzungen erlegen. Wieder ein Opfer des Alkohols. [...] In Lemberg kommt es fast wöchentlich zu Erschießungen deutscher Soldaten, meistens nachts in Verbindung mit Saufgelagen."

10.12.1943: „Alles, was um mich herum schlecht und faul ist, wirkt für mich abstoßend. Deine große und ehrliche Liebe gibt mir die Kraft, um nicht auch in die Fußstapfen vieler meiner Kameraden zu treten. Fünf Jahre Krieg haben viele Kameraden roh und schlecht werden lassen."

24.12.1943: „Die Kompanieführung hat heute eine schöne Weihnachtsfeier arrangiert. Vielen Kameraden standen die Tränen in den Augen, als das Lied ‚Stille Nacht' gesungen wurde. Von der Kompanie bekamen wir 1 lt. Schnaps, Lebkuchen, Keks, 1 Stollen, Zigaretten, Zigarren und ein Führerpaket mit Hosenträger,[sic] Schnaps, Hautcreme u. a."

17.06.1944 während des Rückzugs an der Nordfront: „Die Flieger haben uns auch schon wieder besucht und gerade brummt es in der Luft. Sonst bin ich gesund und munter. Man gewöhnt das Leben hier [sic] tatsächlich mehr und mehr, so trostlos es auch sein mag. Zu ändern ist es nicht, infolgedessen muss man sich drein fügen."

22.07.1944: „Wir sind Wochen hindurch Tag und Nacht gefahren und [sic] dabei mit Mannschaftsverpflegung, die schon kurz bemessen ist, auskommen müssen [...] Dauernd Fliegerangriffe [...] ungefähr 50 habe ich mitgemacht. Gott sei's gedankt, ich bin durchgekommen."

24.07.1944: „Wir sind wieder 120 km nordwestlich gewandert und werden wahrscheinlich auch hier bald wieder weiterziehen. Riga liegt etwa 160 km westlich von uns. Hier ist es vorläufig ruhiger. Da der Russe unseren Truppen scharf nachfolgt, dürfte die Ruhe nicht mehr lange andauern. Ändern können wir nichts daran. Die Hoffnung auf guten Ausgang ist in mir unerschütterlich."

31.07.1944: „Nur das Beste kann und darf man hoffen. Das Schlechte kommt von selbst."

01.09.1944: „Die ganze Einheit ist ja eine Schicksalsgemeinschaft. Jeden könnte das gleiche Los treffen. Jeder hat aber doch nur den einen Wunsch: gesund + [sic] sobald wie möglich heimzukommen. Trotzdem aber tut jeder seine Pflicht mit einer Selbstverständlichkeit."

10.09.1944: „Du machst Dir alles schlimmer vor, wie [sic] es eigentlich ist. Gewiss ist der Krieg voller Gefahren. Doch so ist es auch wieder nicht, wie du glaubst. Da würde ja kein Soldat mehr leben."

20.10.1944: „Krieg und Zerstörung werden ein Ende finden und eine Zeit des Aufbaus und des geregelten Lebens wird wieder einsetzen. Wir werden diese Zeit dann ausnutzen und so gut als möglich ein gemeinsames Leben für unsere Kinder, die wir ungeheuer lieben, und letzten Endes auch für uns führen. Verzage deshalb nicht mein Schatz, wenn es in nächster Zeit oft hart hergehen wird. Lasse den Gedanken auf ein glückliches Wiedersehen nie von Dir und pflege ihn. Du wirst Dich um Vieles leichter fühlen. Dein Schatz kommt, präge Dir dies gut ein."

31.10.1944 „Obwohl in den letzten Tagen und Nächten hart gekämpft wurde, sind wir so untergebracht, dass wir nur den Geschützdonner, Flack-Feuer und die Bombeneinschläge zu sehen und zu hören bekommen. Einsatz ist momentan nicht. Der Transportraum ist klein geworden."

21.12.1944, auf der viertägigen Schifffahrt ins Deutsche Reich: „Vor (der) Einschiffung hatten wir drei schwere Angriffe aus der Luft zu überstehen. Gott sei Dank sind wir mit heiler Haut davongekommen. Auf der Fahrt nach Danzig hatten wir einen Luftangriff auf das Schiff glücklich überstanden. Drei Bomben fielen in unmittelbare Nähe des Schiffes." Ein zweiter Brief vom 21.12.1944: „Wir sind wieder auf deutschem Boden und aus dem Kessel da oben heraus [...] Wir wollen unseren Herrgott bitten, dass er weiterhin seine schützende Hand über uns hält."

Kriegspropaganda und persönliche Wahrnehmung

Große Teile der Bevölkerung in Deutschland seit 1933 und in Österreich nach dem Anschluss glaubten dem Geschriebenen in den Zeitungen und den Reden von Hitler, Goebbels und den Lügen im Radio oder in Kino-Wochenschauen. Verblendet wiederholten die Menschen verhärtende Parolen, so wie Franz zu Beginn seiner Militärzeit:

„Auch die Soldatenzeit wird vorübergehen, und es ist für einen Mann später sicher nicht von Nachteil, wenn er in dieser großen Zeit beim großen deutschen Heer gedient hat", schrieb er kurz nach seiner Einberufung zur Deutschen Wehrmacht. „Unsere Soldaten draußen kämpfen und sterben, damit unser Volk und unsere Kinder leben. Damit sie nicht der Pest des

Untermenschentums ausgeliefert werden." Als vereidigter Soldat der deutschen Wehrmacht glaubte er der Meinung der Führung und war überzeugt: „[...] dass ich heute dem Vaterland, in dieser schweren Zeit, zu dienen habe, um auch meinen Beitrag zu leisten, dass die größte Gefahr, die Bolschewisierung Deutschlands, abgewendet werden kann."

In der Westukraine traf er mehrere Kameraden, die in der Heimat bereits durch Luftangriffe alles verloren hatten, was sie sich aufgebaut hatten. Ihre Haltung bewunderte er. Sein neuer Kompaniechef kam mit seiner Einheit rechtzeitig aus Stalingrad heraus. Dieser sah dennoch keinen Grund, „die sichere Hoffnung auf den Endsieg aufzugeben." Später schrieb Franz: „Wir müssen fest an den Sieg glauben. Dann wird er auch kommen. Wenn man dieses fruchtbare Land des Ostens betrachtet, und dabei bedenkt, auf welch kargem Boden sich oft unsere Bauern fortbringen müssen, dann muss man sich sagen, dass es schon Opfer wert ist, uns diesen erkämpften Boden für unsere Kinder zu erhalten. Dieser Boden nur eine Generation unter deutscher Bewirtschaftung würde blühendes Land. Das sind so Gedanken, mit denen man sich gegenwärtig am meisten beschäftigt." Einen Tag später schrieb er: „Nach der kurzen, aber sehr aufschlussreichen Ansprache des Führers ist der Glaube an unseren Sieg nur noch stärker geworden." Der erzwungene Rückzug wird als kluge Kriegstaktik verstanden: „Den Russen wird in den geräumten Gebieten überhaupt nichts zurückgelassen. Alle kriegswichtigen Einrichtungen, alle Wohnmöglichkeiten werden zerstört, die Einwohner werden mitgenommen, um nicht später gegen uns eingesetzt werden zu können, alles lebende und tote Inventar wird weggebracht, die Vorräte, die nicht weggeschafft werden können, zerstört."

Im Brief vom 10.11.1943, acht Monate nach der Einberufung immer noch in Reservestellung, erkennt man erstmals Zweifel: „Könnte nicht hüben wie drüben einmal Einsicht aufkommen, dass doch alles auch anders geregelt werden könnte. Aber das verstehen wir scheinbar nicht. Es muss zuerst alles vernichtet werden, bis diese Einsicht reif wird." Am 06.12.1943, bereits wenige Tage nach dem wirklichen Kriegseinsatz bei Warschau, schrieb Franz: „Heute Nacht haben wir (in) einen Giganten verladen. Das sind mächtige Dinger. Es ist interessant dies alles zu sehen. Wegen dieser verschiedenen technischen Errungenschaften muss dieser große Krieg geführt werden. Viele Menschen müssen deshalb ihr Leben und ihre Gesundheit opfern. Man kann dies alles nicht so richtig verstehen. Man sieht und erlebt vieles. Ich werde von den Erlebnissen und Ereignissen mitgerissen." Und im selben Brief heißt es: „Ich könnte mir keine bessere und liebere Lebenskameradin wünschen. Ich beweise dir den Dank dafür, indem ich dir unter allen Umständen die Treue halte. Hier in einer Welt, in der man jeden Tag das Gegenteil sehen kann. Jedes Weib ist den verschiedenen Kameraden gut. Es wird jede Bindung mit Frau und Kind vergessen." Zu Weihnachten berichtete Franz von Kameraden, die schon fünf Jahre beim Fest nicht zu Hause waren. Viele haben durch Bomben nicht nur ihr Heim, sondern auch Frau, Kind, Eltern oder Geschwister verloren. „Alles lässt sich ersetzen, doch verlorene Angehörige können niemals wieder ersetzt werden“, bedachte er und beschloss das Jahr mit dem Gebet: „Wollen wir den Allmächtigen bitten, dass er uns im neuen Jahr beistehen möge, dass wir stark bleiben und unsere Pflicht erfüllen können.“ Am 16.03.1944, erst wenige Tage im Einsatz hinter der Nordfront, berichtete er über die katastrophalen Straßenverhältnisse durch die Schneeschmelze: „Stundenlang steht man oft auf der Straße, weil ein Fahrzeug nicht weiterkommt. Es wäre von der Führung der beste Entschluss, sich aus dem Land des Drecks und der Unordnung zurückzuziehen. Hier haben wir nichts verloren.“ Am 05.05.1944 erzählte er von einem Brief eines Kameraden aus Köln, wo es Tag und Nacht Alarm gab, und zog daraus den Schluss: „Das ist kein Krieg mehr, das ist eine einzige Vernichtung, ein Morden.“ Und am 11.05.1944 war die Siegeseuphorie endgültig verklungen mit der traurigen Feststellung: „Wo du hinsiehst nur Elend, Tod und Vernichtung.“

Der eigene, innere Weg zum Frieden

Vor dem Angriff der Roten Armee auf die gesamte Ostfront der Deutschen beschloss Franz, wieder zur katholischen Kirche zurückzukehren. Er bat seine Ehefrau, sich um die Formalitäten zu kümmern. Zwischen den Feldpostbriefen lag ein Schreiben des Pfarrers von St. Wolfgang, der den bis Kriegsende inhaftierten

Pfarrer Josef Rohrmoser vertrat, mit folgendem Text vom *17.06.1944*:

> *„Euer Wohlgeboren! Ihre Frau Gemahlin ist bei mir gewesen, um mir Ihr Anliegen vorzutragen. Haben Sie die Freundlichkeit, ein kurzes, aber eindeutig klares Schreiben über Ihren geplanten Schritt an das hiesige Amt oder auch an mich privat zu richten, dann werde ich ehestens alles vorbereiten, um bei Ihrem Eintreffen alles zu regeln. Haben Sie einen Termin in Aussicht, an dem Sie kommen, etwa um Ihre Frau Mutter zu besuchen?*
> *Mit freundlichstem Grusse Dr. Lampl"*

Die Antwort hatte Franz am 24.06.1944 abgeschickt: „Die beiliegende Erklärung übermittle bitte dem Pfarrer von St. Wolfgang" und er bemerkte: „Dass Mutter sich darüber besonders gefreut hat, ist erklärlich. Deshalb allein habe ich diesen Schritt nicht getan. Die Gründe liegen selbstverständlich tiefer."

Am 27.12.1944 berichtete Franz aus Kassel, er sei zu Weihnachten mit einer größeren Zahl von Kameraden in die Kirche von Neustadt[15] gegangen.

Noch am selben Abend hätte die Fahrt in den Westen begonnen.

Nachdem Rita am 31.01.1945 von Bedrängnissen durch 150-prozentige Heimatverteidiger berichtete, schrieb er an die Kreisleitung einen ausführlichen Brief mit der Bitte, ihn als Mitglied (Anm.: der Partei?) zu streichen. Er war empört, weil Beamte nach einer Hausdurchsuchung notwendige Lebensmittelvorräte für seine Familie und drei Schüler des Gymnasiums Gmunden, die bei Rita wohnten, einbehalten hatten. Es gab sogar einen lächerlich-kleinlichen Briefwechsel mit einem Nachbarn, der sich beschwert hatte, dass dessen Ehefrau von den Kindern Dorli und Christian nicht mit „Heil Hitler", sondern einer „Grußform der sogenannten feinen Leute" angesprochen worden war.

Als Infanterist an der Westfront dachte der Wehrmacht-Soldat am 24.02.1945 über die Not im ganzen Land nach und ergänzte: „Wer soll das alles verantworten? Was die Leute hier im Frontgebiet mitmachen, ist unbeschreiblich.

Artillerie-Beschuss, Jagdbomber [...] die Leute in dauernder Angst. Die armen Frauen und Kinder. Elend über Elend."

Am 05.03.1945 ging es in der vordersten Linie ziemlich heiß her. Aber Franz versuchte, sich und seine Frau zu beruhigen: „Du brauchst Dir deshalb keine übertriebenen Sorgen machen. Der Sensenmann lauert heute schließlich überall in Deutschland. Mein Vertrauen, dass ich am Ende gesund zu Dir zurückkehren werde, ist unerschütterlich. Der Herrgott wird mir dabei helfen, so es sein Wille ist. Mit ihm zu leben macht stark."

Kinder

Am 06.08.1943, auf der Fahrt nach Lemberg, schrieb Franz aus Oberschlesien an Rita: „Wenn ich auch immer weiter von Euch fortmuss, bin ich in Gedanken daheim und denke an meine Liebste, an Dorli und Christian, der ein schönes Lied singt, was er grad wieder gelernt hat." Und im Brief vom 04.10.1943 schrieb er von der Sorge um Christians Gesundheit, nachdem ihr erstes Kind Rotraut verstorben war: „Es ist jetzt gerade zehn Jahre her, seit uns dieser große Verlust vom Schicksal zugedacht wurde, und wir haben diesen ehrlich gesagt bis heute nicht überwunden."

Zehn Tage später, am 14.10.1943: „Von Dorli habe ich auch den Brief erhalten, der mir besonders große Freude bereitete. Sie schreibt so natürlich und dabei so nett." Am 07.06.1944 meinte der Vater: „Dorli scheint mir ziemlich nachgeraten zu sein. Auch ich war schon als Kind ein Alleingänger [...] Wenn die anderen Kameraden tolle Stücke trieben, da war ich nicht dabei. Das war mir damals schon zu dumm, anderen Schaden zuzufügen u.dgl. Allerdings hat mich keiner irgendwie angreifen dürfen. Da habe ich die meisten umgelegt. Christilein natürlich hat dein Temperament. Er spricht viel und ist lebhaft. Hat heute schon Talent, sich beliebt und angenehm bemerkbar zu machen [...] Beide werden sich, mit entsprechend vermitteltem Wissen gerüstet, im Leben zurechtfinden. Darum habe ich gar keine Bange." Und am 26.07.1944 verlieh er der Freude Ausdruck, weil Dorli die Aufnahmeprüfung für das Gymnasium in Gmunden bestanden hatte und schrieb an ihre Mutter: „Du hast wieder eine Sorge weniger, die Dich nach Deinen Briefen lange Zeit belastet hat. Ich selbst war von vornherein der Überzeugung, dass sie durchkommen wird." 01.09.1944: „Wie werde ich glücklich sein, wenn ich wieder bei Euch sein kann und die Entwicklung der Kinder miterleben kann." 18.09.1944: „Der arme Christian hat sich verbrannt [...] Er wird wohl das zweite Mal vorsichtiger sein. Dorli hat heute ihren 11. Geburtstag. Ich hoffe, dass sie wenigstens mein Gratulationsschreiben erhalten hat." 29.10.1944: „Christilein wieder nicht ganz auf der Höhe. Hoffentlich tritt keine Verschlimmerung ein. Wenn Dorli einmal eine schlechte Schularbeit macht, so muss sie natürlich bestraft werden. Sei aber dabei nicht zu hart. Es kann schon mal ein Versagen passieren. Die Hauptsache, sie bleibt im Allgemeinen nicht zurück. Und dies ist sicher nicht der Fall." 03.11.1944: „Christilein der arme Kerl. Hoffentlich kriegt er die Würmer bald los. Und da redest du noch von Ohrfeige geben." Am 10.01.1945 schrieb Papi an sein liebes Dorlilein, wie gerne er Weihnachten zu Hause gewesen wäre, „doch leider, der böse Krieg lässt dies nicht zu." 13.03.1945, der letzte Brief an Rita vor der Gefangenschaft: „Es ist gut, dass Du mir viel von den Kindern schreibst. Mir ist es derzeit versagt, die Entwicklung meiner Lieblinge mitzuerleben. Was gäbe ich darum, könnte ich das. Es interessiert mich daher das Kleinste, was Du mir von ihnen schreibst [...] Sie sind mir neben Dir doch alles."

Folgend ein fiktiver Brief von Franz an Rita mit aneinander gereihten Zitaten aus vielen Feldpostbriefen.

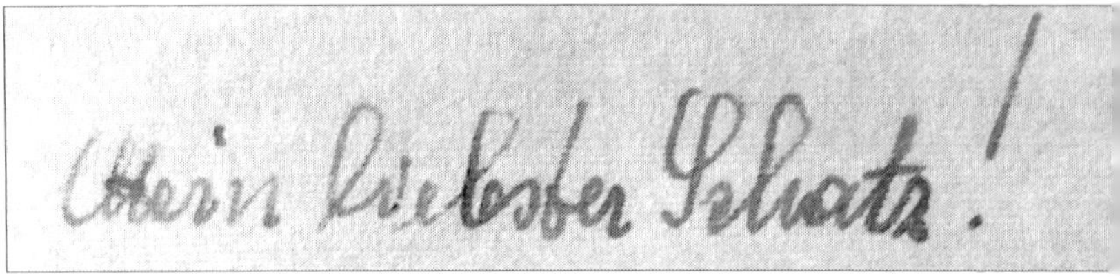

„Du lebst immer bei mir, wenn Du auch so weit von mir entfernt bist.

Es ist doch was Wunderbares um die Liebe. Sie ist wohl das Schönste für uns Menschen. Durch den Austausch in Briefen erleichtern wir uns die notwendige Trennung und erhalten uns das angenehme Gefühl der unlösbaren Zusammengehörigkeit. Im Geiste kreisen unsere Gedanken ununterbrochen zusammen. Die Verbundenheit, die sich in vierzehn Jahren unserer Gemeinschaft herausgebildet hat, macht mir mein Leben leicht und es kann nichts an mich herankommen, was ich nicht mit einer Selbstverständlichkeit in dem Bewusstsein zu tragen bereit wäre, es ist ja doch für Euch getan. Die gegenseitige Liebe und Treue sowie unsere zwei lieben und gesunden Kinder, auf die ich so stolz bin, sind mein höchstes und schönstes Glück auf Erden. Endlich habe ich nach drei Wochen Post von dir bekommen mit viel Freude und einem noch intensiveren Gefühl der Dankbarkeit. Du schreibst von Angst, meine Liebe. Ich möchte Dich stärken in dem Glauben, dass für uns alles einen günstigen Abschluss finden wird. Nie habe ich Dich heißer und inniger geliebt als gerade jetzt, wo ich Dich in Not und Sorge weiß. An Dein Wissen, Deine Intelligenz, Deine Arbeitsfreude,

Organisationstalent und Umsicht reicht sobald eine Frau nicht heran. Du bist aber nicht nur das, Du bist auch eine gute Ehefrau und Kameradin. Du musst wissen, dass mir Deine Briefe immer die größte Freude bereiten, die ich hier erleben kann. Du bist ja meine beste Kameradin, der liebste Mensch, den ich auf der Welt habe. Du beweist mir Deine Liebe stets immer aufs Neue mit Deinen lieben Zeilen. Keine Not und noch so weite und lange Trennung vermögen dieses Band zu lösen."

In Lettland, zurückgedrängt und eingeschlossen von der Roten Armee, „bin ich mehr denn je bei Dir und den Kindern. Es vergeht keine Stunde, in der ich nicht mit viel Liebe an Dich denke. Die Sehnsucht nach einem Wiedersehen ist ins Unermessliche gewachsen. Ein solches muss und wird auch kommen. Vielleicht früher als wir beide denken. In wenigen Tagen jährt sich unser Hochzeitstag. Den Glauben und die Hoffnung, dass wir uns nach diesem gewaltigen Kampf wiedersehen werden, habe ich noch nie verloren und sie stärken mich immer wieder aufs Neue. Wollen wir den Herrgott bitten, dass er uns noch recht viele Jahre gemeinsamen Lebens schenken möge. In diesem Sinne, mein allerliebster Schatz, wünsche ich Dir zum kommenden Hochzeitstag alles Gute und Schöne und vor allem beste Gesundheit. Ich danke dem Herrgott, dass er mir so eine prächtige Frau anvertraut hat. Möge der Herrgott unseren Lebensweg so wie bisher segnen. Ich habe nach wie vor das vollste Vertrauen, dass wir uns am Ende gesund wiedersehen werden. Sei deshalb nicht traurig und vertraue ebenfalls darauf. Mein lieber

Schatz, denke, dass ich immer mit großer Liebe bei Dir und den Kindern bin. Halte aus, wie ich das auch tue. Täglich bete ich zum Herrgott und bitte ihn, dass er Dir und den Kindern seinen Schutz geben möge. Ich weiß, dass er diese Bitten erhört."

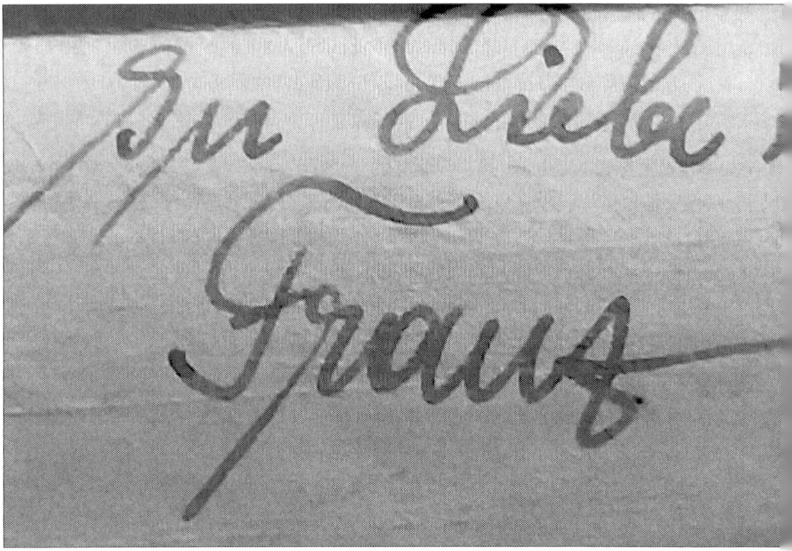

KAPITEL 4

Ein Manifest der Achtzigjährigen

Marianne Gronemeyer und Reimer Gronemeyer:
„Ein Manifest der Achtzigjährigen.
Die Stimme der Kriegskinder zum Krieg in der Ukraine. [16]
‚O Gottes Engel wehre und rede Du darein!
S'ist leider Krieg, und ich begehre
Nicht Schuld daran zu sein.
Was sollt ich machen, wenn im Schlaf mit Grämen
Und blutig, bleich und blass,
Die Geister der Erschlagnen zu mir kämen,
Und vor mir weinten, was?'
Matthias Claudius

Unsere Stimme wird in dieser Abenddämmerung unseres Lebens leiser. Das Leise-Werden [sic] gebührt uns, es gehört zu den Tugenden des Alters. Was uns nicht gebührt, ist, dass wir resigniert verstummen. Denn wir sind Euch Jüngeren schuldig, dass wir den Mund aufmachen, nicht um Euch zu beruhigen, sondern um Euch zu beunruhigen; und wir sprechen zu Euch, nicht weil wir vor Altersweisheit strotzen, sondern weil wir die Erfahrung des Krieges, die sich uns in den Bombennächten einprägte, ein Leben lang mit uns herumgetragen haben. Das Wort ‚Krieg' ist in aller Munde, und es ist beängstigend, wie geschmeidig es sich in das tägliche

Sammelsurium der Nachrichten einfügt, als sei ‚Krieg' ein Gegenstand wie jeder andere.

Unsere Vorstellungen vom Krieg, entstehen nicht aus den wirkmächtigen Bildern, die uns auf unseren kleinen und großen Bildschirmen aufgetischt werden. Sie tauchen, ob wir wollen oder nicht, auf aus unseren leibhaftigen Erinnerungen und können nicht Ruhe geben: Das Heulen der Sirenen, das die Bomben ankündigte, die Trümmer ein paar Häuser weiter, in denen wir bei Strafe nicht spielen durften wegen der Blindgänger und der Einsturzgefahr; die Bunker, in die wir beinah jede Nacht gebracht wurden und in denen wir dichtgedrängt beieinander saßen; das Entsetzen, wenn nahebei eine Bombe niederging und der ganze Bunker wackelte; und die Finsternis, wenn das Licht erlosch und nur noch ein auf die Wand aufgetragenes Phosphorquadrat eine Illusion von Licht aufrechterhielt; die Sorge, ob das Haus, in dem wir wohnten, noch stand, wenn wir nach dem Bombenangriff aus dem Bunker ‚nachhause' gingen; das Kind, das sich in panischer Angst mit Händen und Füßen dagegen wehrte, die Gasmaske aufzuprobieren und die Mutter, die nicht vermochte, ihrem Kind um seiner Sicherheit willen diese Gewalt anzutun; der Hunger, der wehtat; und die Rivalität der Geschwister um das karge Brot; die Frostbeulen, die juckten, aber nicht gekratzt werden durften, weil sie nicht heilten.

Unsere Erfahrung vom Kriegsgeschehen reicht über die Kindheitserlebnisse nicht hinaus, aber das genügt, um uns mit den getöteten, verwundeten und verängstigten Kindern in der Ukraine verbunden zu fühlen, und es macht es uns unmöglich, über ihre Leiden hinwegzusehen. Je länger dieser Krieg dauert, desto mehr wird ihr Leben von ihren Kriegserfahrungen beherrscht sein, sie werden, wie wir, Kriegskinder sein. Sie haben keine Stimme, um das Schweigen der Waffen und den Weg der Verhandlungen einzufordern. Wir tun das an ihrer statt, und wir tun es auch um unserer eigenen Angst vor einer nuklearen Eskalation willen, für die niemandes – wirklich niemandes – Vorstellungsvermögen reicht.

Wie wir später erfuhren, gehörten wir auf die Seite der Angreifer in diesem verbrecherischen Krieg – und waren doch seine Opfer. Und wir mussten lernen, dass die Bombeneinschläge, vor denen wir uns so gefürchtet haben, dem Terrorregime des Hitlerfaschismus ein Ende setzten. Millionen Soldaten, US-amerikanische, sowjetische, britische, französische haben dabei ihr Leben gelassen. Mit dem Widerspruch, dass die, die uns bombardierten, zugleich unsere Befreier waren, mussten diejenigen unter uns, die sich zum Pazifismus bekannten, leben. Zwei berühmte Pazifisten des Ersten Weltkriegs, Albert Einstein und Bertrand Russel ,haben sich mit guten Gründen für den alliierten Krieg gegen Hitler-Deutschland ausgesprochen. In dieser dramatischen historischen Situation, in der das Überleben der Menschlichkeit auf der Kippe stand, ... machten beide schweren Herzens und voller Überzeugung' die eine, einzige Ausnahme von ihrem Pazifismus. Nach Kriegsende verstanden sie sich weiter als Pazifisten und ,ergriffen wieder und wieder das Wort gegen Koreakrieg, Hochrüstung und Atomkriegsgefahr.‘ (Olaf Müller)

Wir fürchten uns vor den Furchtlosen, die erst den Krieg gewinnen wollen, um dann Frieden zu machen. Aber ‚Sieg‘ reimt sich mit ‚Krieg‘, nicht mit ‚Frieden‘. Der Frieden unterstehe uns nicht, sagt Eugen Rosenstock-Huessy: ‚Er ist nur dem verheißen, der sich nach ihm sehnt. Das begreift kein Planer. Trotzdem ist es wahr: Friede ohne vorhergehende Sehnsucht kann nicht kommen.‘ Und er fügt hinzu: ‚Wo die Menschen sprachlich veröden, droht Krieg. Kalter Krieg meinetwegen. Aber Friede heißt miteinander sprechen.‘

Woher soll die Friedenssehnsucht aber kommen in unserem Land, in dem die öffentliche Meinung nach allen Regeln des medialen Know-how darauf eingeschworen wird zu glauben, man könne und müsse gegen eine Atommacht einen Sieg erfechten, um eine günstige Ausgangsposition für das dann erst mögliche Gespräch zu haben? Dass sich die ‚Hoffnung‘ auf ein friedliches – wenn schon nicht Miteinander, so doch wenigstens – Nebeneinander auf immer monströsere Maschinen richtet, deren letzter Daseinszweck darin besteht, zu töten und zu zerstören, macht uns fassungslos. Um dieser pervertierten Hoffnung Geltung zu verschaffen, wird die Hoffnung auf Versöhnung als Ideologie der Schwächlinge diffamiert. Ohne alles Bedenken, ohne Trauer, ohne entsetztes Innehalten wird in dieser ‚Zeitenwende‘ die große Tradition der Friedensstifter für indiskutabel erklärt. Die jesuanische Botschaft von der Feindesliebe, die Gewaltlosigkeit, der Gandhi mit dem Salzmarsch ein politisches Gesicht gab, der zivile Ungehorsam, zu dem Martin Luther King die Unterdrückten ermutigte. Aber auch der Pazifismus Albert Einsteins, Bertrand Russels, Dietrich Bonhoeffers und der vielen namenlosen Anderen, die sich ihnen anschlossen und dafür einstanden, oft mit ihrem Leben, wird mit einem Handstreich für erledigt erklärt; und, statt dass ihre Geschichten erzählt werden, werden sie in die Rumpelkammern der Geschichte befördert; mitsamt der ‚Bergpredigt', die uns eindringlich ermahnt, alles stehen und liegen zu lassen und der Versöhnung mit dem verfeindeten Nachbarn Vorrang vor allem anderen zu gewähren.

Wir warnen: Es ist schlecht um die demokratische Zukunft eines Landes bestellt, in dem die ‚Wortemacher des Krieges' (Franz Werfel) [sic], das Sagen haben. Sie nennen diejenigen, die Bedenken tragen gegen den Einsatz von immer mehr Waffen, verächtlich Zauderer; diejenigen, die Kompromisse erwägen, werden als Verräter, gebrandmarkt, die Vorsichtigen nennen sie feige, die Besorgten schwächlich und die Pazifisten traumduselig, verrückt oder gefährlich. Wirklich gefährlich ist die viel beschworene ‚Geschlossenheit', die alle zu Meinungskomplizen macht. Ohne Gegenstimmen, die sich auch Gehör verschaffen können, gibt es keine Demokratie. Auf eine bestürzende Weise vergehen sich die einflussreichsten Medien an ihrer Informations- und Berichterstattungspflicht und betätigen sich als Meinungsmacher und Volkserziehungsagenturen zur Herstellung der großen Einhelligkeit. Unablässig bestärken sie die Ansicht, dass das ganze Gute auf unserer Seite, der Seite der westlichen Allianz, ist und das ganze Böse jenseits der Demarkationslinie. Versöhnung aber beginnt damit, den eigenen Anteil daran, dass es so weit hat kommen können, redlich zu erforschen und dann auch zu bekennen. Der Papst hat zu Beginn des Krieges die Frage aufgeworfen, ob der völkerrechtswidrige Angriff auf die Ukraine etwas zu tun habe mit dem „Bellen der NATO vor den Türen Russlands". Er hat dafür einen Sturm der Empörung geerntet. Aber nicht diese Frage ist gefährlich für den Bestand der westlichen Demokratien, sondern ihre Unterdrückung.

„Die Suche nach Wahrheit kann nur gedeihen auf dem Nährboden gegenseitigen Vertrauens." (Ivan Illich) Es macht das Wesen des Vertrauens aus, dass es nur dann entstehen und sich bewähren kann, wenn man es wagt. Und die Frage, wer den ersten Schritt tun muss, stellt sich nicht. Es kommt nur darauf an, dass er getan wird.

Wir laden alle ein – seien sie alt oder jung oder irgendwo dazwischen – die darauf bestehen, Andersdenkende zu sein und ihre Haltung im Gespräch mit Andersdenkenden immer neu auf die Probe zu stellen. Eröffnen wir das generationenübergreifende, ungegängelte Gespräch, wo immer sich Gelegenheit bietet oder herstellen lässt. Lassen wir uns von Denkverboten nicht einschüchtern, geben wir der Sehnsucht nach dem Frieden eine Stimme.

Ich danke Frau Marianne Gronemeyer für die Abdruckerlaubnis.

KAPITEL 5

Globale Verbundenheit

Der 101 Jahre alte französische Philosoph und Soziologe Edgar Morin schrieb im November 2022 das Buch „Von Krieg zu Krieg von 1940 bis zur Invasion der Ukraine“ mit den Schlusssätzen: „Je mehr der Krieg sich verschärft, desto schwieriger wird der Frieden, aber desto dringender ist er nötig. Vermeiden wir einen Weltkrieg. Er wäre schlimmer als der letzte.“[17] In einer Fußnote zitiert er Albert Camus, der nach dem Atombombenabwurf auf Hiroshima einen Kampf für den Frieden forderte: „Das ist keine Bitte mehr, sondern ein Befehl, der von den Völkern zu den Regierungen aufsteigen muss, der Befehl, endgültig zwischen Hölle und Vernunft zu wählen.“[18] Dieser „Befehl“ führte zur Gründung der Europäischen Union.

Heute müsste ein weltweiter Aufschrei aller zivilisierten Menschen die UNO veranlassen, beim geplanten Gipfel der Zukunft am 22. und 23. September 2024 ein Ende der Kriege zu erreichen.

Höllische Kriege und Terror sind von Menschen verursacht, denen die Bezeichnung HOMO SAPIENS[19] nicht zusteht. Vernünftige Menschen fördern eine neue Kultur der Gemeinschaft – Gemeinschaft weltweit zwischen Menschen und Natur: einsichtig, klug, verständig und weise.

Auf allen Kontinenten bemühen sich starke Persönlichkeiten um Frieden und ein gutes Leben aller Menschen. Die Intentionen hervorragender Experten sollen kurz wie in einem Kaleidoskop aufleuchten. Es beschreibt ein gutes Dutzend von unzähligen Gleichgesinnten der Weltbevölkerung.

GLÜCK

Ha Vinh Tho ist 1951 in Vietnam geboren als Sohn einer Französin und eines vietnamesischen Diplomaten. Durch seine Arbeit im Internationalen Roten Kreuz erlebte er Leid und Zerstörung. Er begann zu forschen, wie Kriege verhindert werden könnten und wie man vorbeugend handeln könnte. Unser Handeln müsse auf den Kopf gestellt werden, sagt Ha Vinh Tho: „Wir brauchen eine Wirtschaft für die Menschen.“[20] Technologien sollten den Bedürfnissen der Menschen dienen und nicht den Profiteuren. Ha Vinh Tho wirkte in dem kleinen Land Bhutan mit, das Bruttonationalglück für politische Entscheidungen zu messen. Während das Bruttoinlandsprodukt nur die mit Geld messbaren Leistungen eines Volkes erfasst, wird im Bruttonationalglück sowohl materieller Wohlstand als auch psychisches Wohlbefinden bewertet.[21]

Ein weiteres Projekt von Ha Vinh Tho ist die glückliche Schule. Dafür sind Lehrerinnen und Lehrer in Glückskompetenz zu schulen: Achtsamkeit, emotionale Intelligenz, bewusst positive Gefühle entwickeln, gute soziale

Beziehungen aufbauen. Dies sei die Voraussetzung für eine Erziehung der Kinder und Jugendlichen zu einem guten, sinnvollen Leben: mit sich in Harmonie leben; sich selbst treu bleiben; mit anderen harmonieren; mit der Natur gesund verbunden sein. Glück für alle Menschen und die Umwelt ist möglich durch eine Politik im Dienst des Gemeinwohls; eine nachhaltige Wirtschaft; eine Kultur, die Freude, Freiheit, Kunst, Wissenschaft und Spiritualität fördert und durch eine sinnvolle Ökologie. Für Individuen ist Achtsamkeit mit sich selbst lernbar. Das fördert die emotionale Intelligenz. Wie gehe ich mit Wut und Trauer um, wie nähre ich positive Gefühle? Das sind Grundlagen für Freundschaft und sie haben Auswirkungen auf eine lebendige Gemeinschaft.

FRIEDEN

Scilla Elworthy erhielt für ihr lebenslanges Engagement für Frieden den Niwano-Friedenspreis.

1943 in Schottland geboren, beschloss sie sehr früh, ihr Möglichstes zu tun, um Kriege zu verhindern. Sie sah 1956 im Fernsehen russische Panzer, die in Budapest den Freiheitskampf der Ungarn brutal beendeten. Sechzehnjährig half sie in einem Sommercamp für Überlebende von Konzentrationslagern. Während der Semesterferien ihres Studiums der Sozialwissenschaften half sie in Flüchtlingslagern von Algeriern.

1979–1981 war sie bei der UNESCO als Beraterin für Frauenfragen tätig und schrieb den Beitrag zur

UN-Frauenkonferenz 1980: „Die Rolle der Frau in der Friedensforschung, Friedenserziehung und Verbesserung der Beziehungen zwischen Nationen."

1982 gründete Scilla Elworthy die NGO *Oxford Reseach Group* und 2003 die Wohltätigkeitsorganisation *Peace Direct,* die Friedensstifter in Konfliktregionen unterstützt nach der Devise „Finden. Fördern. Finanzieren."

In einem Interview 2020[22] bezifferte sie den weltweiten Aufwand für die Militarisierung mit 1739 Milliarden Dollar. Um Kriege zu verhindern, wären nur zwei Milliarden Dollar nötig für Initiativen, die im Dialog mit Entscheidungsträgern Veränderungen bewirken. Denn Physiker, Chemiker und Ingenieure, die Waffen entwickeln, und Politiker oder Finanzexperten tun, was sie für richtig halten. Deshalb wäre es sinnlos, streitsüchtig mit ihnen zu diskutieren. Scilla Elworthy erinnert an Einstein, der sagte, man könne ein Problem nicht mit dem gleichen Bewusstsein lösen, mit dem es entstanden ist. Daher wären für Friedensaktivisten tägliche Selbstreflexion und Meditation nötig, um sich bestenfalls mit einer höheren Intelligenz zu verbinden. Das Hirn allein schafft nicht, was es mit Herz und Bauch zusammen vermag. Keinesfalls sollte man in einer machtlos machenden Informationsflut ertrinken!

LIEBE

Michael Penn, geboren 1958, ist Professor für klinische Psychologie am Franklin & Marshall College in Lancaster. Mehr als ein Jahrzehnt lang war er Mitglied der Fakultät für das UN Leaders Programme, das Beamte der Vereinten Nationen auf Direktorenebene ausbildet. Penn ist international für Frieden und Menschenwürde tätig. Der Österreicher Martin Kirchner, Gründer von *Pioneers of Change*, durfte ihn im Jänner 2023 in Indien interviewen. An einem Wochenende anlässlich des 75. Todestages von Gandhi trafen sich dort zum *Gandhi Retreat 3.0* Menschen verschiedener Kontinente, Kulturen, Ethnien, Religionen, Philosophien und politischer Systeme. Der Afroamerikaner Penn ist eine außergewöhnlich strahlende Persönlichkeit. Er schaffte eine Entwicklung aus einer sehr armen Familie ehemaliger Sklaven: Ein verunglückter Schulbus wurde für einige Jahre während seiner Kindheit in eine Behausung verwandelt. Während seines Studiums schlief er als Hausmeister in einer Synagoge, die er putzte.

Im Interview für den Online-Summit der Pioneers of Change erklärte er Hoffnung als positives Gefühl, welches unser Verhalten in schweren, dunklen Zeiten in die Richtung steuert von Zielen, die es uns wert sind, verfolgt zu werden. Aber die Ziele könnten zu oberflächlich sein, weil die Entwicklungsstufe uns davon abhält, über unsere kleinlichen Interessen hinauszuwachsen.

Für die kommenden Herausforderungen müssen wir Wege suchen, wie wir zusammenfinden im Bewusstsein der gegenseitigen Abhängigkeit von Menschen.

Das zweite zentrale Thema im Gespräch war die Liebe: Wenn man in einer bestimmten Verfassung ist, wird man ein Instrument der Liebe. Die Liebe bewegt das Herz und auch Herzen, die in der Nähe sind. Wir sollten lernen, Vehikel für ihren Ausdruck zu werden. Dafür empfiehlt Penn, am Morgen zuerst in sich zu gehen, um ein reines, gütiges und strahlendes Herz zu haben.

Als Universitätsprofessor blickt er hoffnungsvoll auf die junge Generation. Zwar sind junge Leute von sehr trivialen Dingen wie Computerspielen gefangen. Aber immer, wenn er Studenten mit einer scharfen Wahrnehmung begegnet, ist er verblüfft über Anzeichen eines neuen Verstandes.

OFFENHEIT, RESPEKT UND HOFFNUNG

Wanjira Mathai ist die 1971 geborene Tochter von Wangari Maathai (1940–2011), der ersten afrikanischen Friedensnobelpreisträgerin. Bestens geschult durch Studien in den USA, begleitete sie ihre Mutter nach deren Ehrung 2004 in Norwegen auf Weltreisen. Wie ihre Mutter engagiert sie sich für die Wiederaufforstung in Kenia. Kenia bestand ursprünglich zu fast einem Drittel aus Wald, der bis auf 1 % der Gesamtfläche des Landes gerodet wurde. 1977 gründete

Wangari Maathai die Umweltschutzorganisation *Green Belt Movement (GBM)* für die Wiederaufforstung, die gleichzeitig durch Arbeitsplätze für Frauen deren Lebensbedingungen verbesserte. (1979 ließ sich der Ehegatte von der Wissenschaftlerin scheiden – mit der Begründung, sie sei „zu gebildet, zu stark, zu erfolgreich, zu eigensinnig und zu schwer zu kontrollieren". Danach sollte Wangari Maathai ihren Namen ändern, weshalb sie das erste „a" verdoppelte.) Ihre Tochter wurde Vice President and Regional Director for Africa in Nairobi für die globale, gemeinnützige „Denkfabrik" *World Resources Institute (WRI).* Diese Institution forscht in den USA, China, Indien, Indonesien, Mexico, Brasilien in den sieben Bereichen: Ernährung, Wälder, Wasser, Energie, Städte, Klima und Ozean. Neben Engagements in verschiedenen Institutionen ist Mathai derzeit im *World Future Council (WFC)* tätig, um einen Beitrag für die kommende Generation zu leisten. Sie ist Mutter von zwei Kindern. Im Gespräch mit Martin Kirchner für den Online-Summit 2022 betont sie die globale, gegenseitige Abhängigkeit. Kenia ist 15 Mal mehr durch den Klimawandel betroffen als Europa. Afrika braucht Solidarität, faire Behandlung und Respekt. Jahrhundertereignisse wie Dürreperioden und Überflutungen erleben Kenianer bis zu fünfmal im Leben. Bei unvorhergesehenen Katastrophen müssen wir uns gegenseitig unterstützen. „Frieden auf Erden hängt von unserer Fähigkeit zur Bewahrung einer lebendigen Umwelt ab", hieß es bei der Verleihung des Friedensnobelpreises an ihre Mutter am 10. Dezember 2004.

Für die immer noch international aktive **Jane Goodal**, die 1934 in London geboren ist, bedeutet die Bewahrung der wunderbaren Natur ein Herzensanliegen. Sie will die Herzen erreichen für ihre Ziele. Im Alter von 23 Jahren kam sie nach Kenia. Von dort aus begann sie 1960 im Gombe-Stream-Nationalpark im benachbarten Tansania zu forschen. Es wurden 87 Säugetierarten, 367 Vogelarten, 40 Arten von Reptilien, 23 Amphibienarten und 1174 Pflanzenarten gezählt und beobachtet. 1986 nahm Jane Goodal an einem Erfahrungsaustausch über Schimpansen als Wissenschaftlerin teil, den sie als Aktivistin verließ. Danach gelang es ihr nach jahrelanger Bemühung, dass Laborversuche mit Schimpansen verboten wurden. Mit zwölf Kindern begann Jane Goodal in Tansania 1991 *Roots and Shoots* zu gründen, wodurch Menschen heute in etwa 100 Ländern der Welt zur Erhaltung und Verbesserung ihrer grünen Lungen und der Lebensräume der Tiere ermutigt werden. Die Natur fühlen, lieben und schützen, sich mit der spirituellen Kraft in der Natur verbinden: Das ist das Ziel dieser Institution. Manche leben nur für Geld, manche leben nur für Macht und viele respektieren die Natur kaum. Es bleibe nicht viel Zeit für die Armutsbekämpfung und die Lebensstiländerung. „Daher ist Hoffnung für mich das Wichtigste. Wenn wir keine Hoffnung haben, geben wir auf.“[23]

VERTRAUEN

Muhammad Yunus ist ein Friedensnobelpreisträger aus Bangladesch, der wie Wangari Maathai auch 1940 geboren ist und ein Stipendium ermöglichte auch ihm ein Studium in den USA. Er kehrte 1971 voller Enthusiasmus als Universitätsprofessor in seine Heimat zurück, als Bengalen von Indien unabhängig wurde. Während der großen Not 1974 begann er mit Hilfe von Studenten in Dörfern vorwiegend an arme Frauen Mikrokredite auf Vertrauensbasis für Unternehmensgründungen zu vergeben. Denn jeder Mensch hat eine Bedeutung in der Welt mit seinen speziellen kreativen Fähigkeiten. „Arm ist für mich nur jemand, der seine kreative Energie nicht nutzen kann.“[24] Die durch Yunus gegründete *Grameen-Bank* gehört zum größten Teil den Kundinnen und Kunden und nur zu einem kleinen Anteil dem Staat.

Yunus hat eine besondere Gabe, komplizierte wirtschaftliche Zusammenhänge bildhaft klar darzustellen. Menschen hätten ein ungerechtes und sehr mächtiges Finanzsystem geschaffen, wodurch ein Prozent der Weltbevölkerung 99 Prozent des Gesamtvermögens besäße, erklärt er. Jobsuchende arbeiten für die Profitmaximierung der Vermögenden und die Gehälter fließen teilweise in einen umweltschädlichen Lebensstil.

„Der Zug des alten Systems fährt gegen die Wand. Es wäre höchste Zeit, einen neuen Zug zu bauen, der zu Zielen voller Leben und Freude fährt.“[25]

VERBUNDENHEIT MIT DER ERDE

Vandana Shiva ist 1952 im Norden Indiens in einer gebildeten Familie der Brahmanen geboren. Sie studierte Atomphysik und promovierte in Kanada in Quantenphysik. Seit den 70er-Jahren engagiert sie sich zunehmend für Umweltschutz, biologische Vielfalt, gesunde Ernährung, Frauenrechte und Nachhaltigkeit. Im Wechselgespräch mit Ernst von Weizsäcker[26], geboren 1939, kritisiert sie die moderne Finanz- und Landwirtschaft: Einige Milliardäre lassen in Monokulturen für ihren Profit Nahrung mit Hilfe giftiger Dünge- und Spritzmittel produzieren. In Indien sind Millionen Bauern durch Hunger gestorben und 400 000 Bauern begingen Selbstmord, weil sie in unerträgliche Schulden gedrängt wurden.

Wir müssen von der Wegwerfgesellschaft wieder zum zirkulären Wirtschaften zurückfinden und wir dürfen die Böden nicht ausbeuten lassen. Wie in indigenen Kulturen sollten wir an die nachfolgenden sieben Generationen denken. Im neuen Buch „Earth for All“[27] vom Club of Rome wird mitreißend vermittelt, wie eine lebenswerte Zukunft gestaltet werden könnte durch Beendigung der Armut, Beseitigung der Ungleichheit, Gleichstellung der Frauen, Aufbau eines für Menschen und Ökosysteme gesunden Nahrungsmittelsystems und den Übergang zu sauberer Energie. Vorschläge von Vandana Shiva sind: Jeder sollte die eigenen Potenziale entdecken und sich nicht abhängig machen. Im zweiten Schritt müssten wir mit der Erde zusammenarbeiten, uns mit ihr verbinden. Der Klimawandel sei ein Symptom der Krankheit der Erde.

Helga Kromp-Kolb, geboren 1948, ist in Österreich die bekannteste Klima-Expertin. Sie fordert von der Politik und Wirtschaft, soziale und technologische Innovationen umzusetzen und appelliert an die Verantwortung der Konsumenten. Jeder könne jeden Tag einen kleinen Beitrag leisten. „Die persönliche Ebene sendet Signale an den Handel.“[28]

BODENKULTUR

Ernst Götsch, geboren 1948 in der Schweiz, verwandelte in Brasilien 350 ha Brachland in ein vielfältiges Paradies mit Kakaobäumen. Ihm gelang der Aufbau eines fruchtbaren Bodens mit seiner Methode der syntropischen Bodenkultur.[29] Alle Wüsten der Erde wurden von Menschen geschaffen. Es wäre möglich, wieder fruchtbare Böden daraus entstehen zu lassen, die Wasser und auch CO_2 speichern.

Helmy Abouleish ist 1961 in Graz geboren. Sein Vater, Ibrahim Abouleish (1937–2017) kehrte aus Österreich nach Ägypten zurück und gründete 1977 auf 70 ha Wüste nordöstlich von Kairo die Entwicklungsinitiative SEKEM mit den Methoden der biologisch-dynamischen Landwirtschaft. Durch Kompost, effiziente Bewässerung mit Hilfe von Solarstrom und angepasste Bepflanzung kann aus Sand lebendiger Boden werden. Helmy führte das Unternehmen sehr erfolgreich weiter, wurde Präsident von *Demeter International* und eröffnete in der Heliopolis Universität die erste Fakultät für biologischen Landbau in Ägypten.

David Holmgren, geboren 1955 in Australien, entwickelte in den 70er-Jahren in Tasmanien den nachhaltigen Lebensstil *Permakultur*. Bei uns ist die Permakultur für die Selbstversorgung mit Lebensmitteln bekannt. Ein Experte für die Umsetzung dieser Ethik ist Bernhard Gruber in Oberösterreich. Sein Vater verwandelte vor über 40 Jahren einen Acker in eine syntropische Agrokultur. In dieser Mischkultur von Bäumen, Sträuchern und Stauden wurden nützliche Verbindungen geschaffen. Die anfallenden Äste vom Rückschnitt werden entweder gehäckselt oder verkohlt zur Bodenverbesserung verwendet. Bernhard Gruber mit seinem Waldgarten-Institut ist ein gefragter Berater nicht nur in Europa, sondern auch in Afrika.

HERZLICHES TEILEN

Nipun Mehta ist 1975 in Indien geboren. Als er 12 Jahre alt war, zogen seine Eltern mit ihm nach Kalifornien. Er studierte dort Philosophie und Informatik und experimentierte bald zusammen mit Freundinnen und Freunden mit bedingungsloser Hilfe für Obdachlose. Daraus entstand die inzwischen international vernetzte NGO *ServiceSpace*. Metha nutzt Online-Netzwerke für vielerlei Offline-Projekte zu Schenkpraktiken („Giftism“) und berät Organisationen, Unternehmen und auch Regierungen. Auf seiner Homepage steht: „Mein Leben ist ein Versuch, ein Lächeln in die Welt und Stille in mein Herz zu bringen. Ich möchte einfach leben, rein lieben und furchtlos geben. Das bin ich." Sein Engagement ermöglichte den oben erwähnten *Gandhi Retreat 3.0* im Jänner 2023: Mahatma Gandhi als Vorbild der Gewaltlosigkeit für die komplexen Probleme unserer Zeit in einem Netzwerk von vielen für viele. Mit „der Intelligenz der Liebe"[30] könnten Lösungen gefunden werden. Klar und knapp mit offener Herzlichkeit erklärt Mehta mit Vergleichen aus der Natur die exponentielle Energie der Liebe. „Mach das, was dich selber zum Aufleben bringt. Denn die Welt braucht Leute, die am Leben sind.", ist eine seiner Botschaften. Der Vergleich von Videoaufzeichnungen aus verschiedenen Jahren zeigt einen Menschen, der zunehmend Ruhe ausstrahlt.[31]

VISION UND AKTION

Otto Scharmer, 1961 auf einem Demetergut nördlich von Hamburg geboren und aufgewachsen, lebt nach dem Ende seines Studiums der Ökonomie und des Managements in Herdecke nun in den USA. In Cambridge, Massachusetts, gründete er das Presencing Institute und sein *Massive Open Online Course* wird in 185 Ländern aller Kontinente genutzt. Scharmer berät Unternehmen, Institutionen und Nichtregierungsorganisationen in den USA, Europa, Afrika und Asien. Trotz der

Katastrophen seit der Jahrtausendwende – wie 9/11, Irakkrieg, Finanzkrise 2008, Corona-Pandemie und Ukrainekrieg, die besonders bei Jugendlichen zu einem deprimierenden Grundgefühl führen – ist Otto Scharmer von menschlichen Gestaltungsmöglichkeiten für eine bessere Zukunft überzeugt. Kriege sollten eigentlich überholt sein, sowohl als Konfliktlösungsrezept als auch zwischen Staaten durch imperiales Denken von Herrschern. Die derzeitige Realität ist multilateral. Klima, soziale Gerechtigkeit, Energie, Landwirtschaft – Themen, die Menschen weltweit betreffen – werden nicht durch Einzelinteressen von oben gelöst. Eine Transformation des ökonomischen Systems, um auf die ökologischen Herausforderungen adäquat zu antworten, erfordere einen Prozess, der das Denken, Fühlen und Wollen für das, was kommen soll, öffnet. Das kann nur gemeinsam gelingen durch konstruktive, kreative Dialoge und nicht bei trennenden Diskussionen. Dialog bedeutet hinhören, mitfühlen und sich mit den Quellen verbinden, den spirituellen Kräften, und entsprechend antworten und handeln. Otto Scharmer ist fest davon überzeugt, dass die wichtigste tektonische Verschiebung unserer Lebenszeit noch bevorsteht. Sie wird grundlegender sein als die früheren Verschiebungen, so dramatisch und lebensverändernd sie auch waren. Es wird ein tiefgreifender Paradigmen- und Bewusstseinswandel darüber sein, wie wir miteinander, mit Mutter Natur und mit uns selbst umgehen – und wie wir unsere gesellschaftlichen Institutionen angesichts unserer sozialen und planetarischen Notlagen umgestalten und neu aufbauen.[32]

Angeregt wurde Otto Scharmer vom 1930 in Oslo geborenen Johan Galtung. Dieser norwegische „Vater der Friedensforschung“ konnte weltweit in mehr als 150 Konflikten zwischen Nationen, Religionen, lokalen Gemeinschaften und in der Zivilgesellschaft als Friedensstifter vermitteln. Seine Gastprofessur in Herdecke wurde zur „Quelle enormer Energie“. Galtung berichtete dort von seiner Idee einer weltweiten Friedensuniversität. Otto Scharmer schreibt: „Wir erstellten einen Projektplan, sammelten eine halbe Million Dollar von Unternehmen und privaten Sponsoren, machten Verträge mit zwölf Partneruniversitäten und 290 Dozenten, warben 35 Studierende aus zehn Ländern an, unter anderem aus Osteuropa, und beschafften Geld für Stipendien.“[33]

Für die Realisierung einer Zukunft ohne Kriege und mit menschenwürdigen Lebensformen benötigen wir nicht nur gute Ideen, sondern auch mitfühlende Herzen und den hoffnungsvollen Mut zu lernendem Handeln. Dies ist die Essenz der „Theorie U“, die Otto Scharmer mit Kolleginnen und Kollegen entwickelt hat. Anwendbar ist die „Theorie U“ für persönliche Anpassungen, ebenso wie auch für die von Unternehmen, Bildungseinrichtungen und Demokratien.

Endnoten

1 D. Steindl-Rast, 2021, Seite 160
2 www.msn.com/de-at abgerufen am 23.01.23
3 https://nachhaltig4future.de/die-welt-hat-genug-fuer-jedermann-beduerfnisse-aber-nicht-fuer-jedermanns-gier-mahatma-gandhi/ abgerufen am 06.10.2023
4 „Man sieht nur mit dem Herzen gut“, in „Der kleine Prinz“ von Antoine de Saint-Exupéry, 1943, Kapitel XXI.
5 Zinnhobler Rudolf, 1975, Seite 9: Arnold - „Liber de S. Emmeramo“, ca. anno 1030 - und von Otloh - „Vita S. Wolfgangi“, ca. anno 1050
6 https://de.wikipedia.org/wiki/Sieben_freie_K%C3%BCnste, abgerufen am 06.10.2023: Die „Sieben freien Künste“ waren Grammatik, Rhetorik, Logik, Arithmetik, Geometrie, Musik, Astronomie
7 Seite 20 Zinnhobler, 1975
8 Seite 22 Zinnhobler, 1975
9 Die Geschichte der Regensburger Domspatzen reicht bis in die Zeit von Bischof Wolfgang zurück
10 Sieg auf dem Lechfeld im Jahr 955
11 Zinnhobler Rudolf, 1975, Seite 29

12 Persönliche schriftliche Lebenserinnerungen von Peter Raudaschl, geb. 1899, nach dem Tod seiner Frau 1984. Er begann die Ahnenforschung nach seiner Pensionierung 1965.

13 Raudaschl Peter (1899-1990)

14 Raudaschl Peter jun.(1937-2020) fertigte den Stammbaum nach Aufzeichnungen seines Vaters 1994 an.

15 Neustadt in Westpreußen ist die heutige polnische Stadt Wejherowo. Am 21.12.44 legte das Schiff im 23 km entfernten Gotenhafen an, heute Gdynia.

16 https://pioneersofchange/summit.org/calendarentry/frieden/, abgerufen am 06.10.2023

17 Morin Edgar, 2023, Seite 112

18 Morin Edgar, 2023, Seite 49

19 Homo sapiens bedeutet: der einsichtige, kluge, weise und verständige Mensch

20 academy.pioneersofchange.org; Interview für den Summit 2022 der Pioneers of Change:

21 academy.pioneersofchange.org. Bei der Berechnung des Bruttonationalproduktes wird nicht zwischen guter und schlechter Wirtschaft unterschieden - Waffen, Drogen, Menschenhandel fließen mit Geldwerten ein - und die für das Wohlbefinden wesentlich höhere, aber unentgeltliche Familien- und ehrenamtliche Arbeit, wird nicht berücksichtigt. Nur was bezahlt wird, wird gezählt.

22 academy.pioneersofchange.org; Interview für den Summit 2020 der Pioneers of Change:

23 academy.pioneersofchange.org; Interview für den Summit 2019 der Pioneers of Change

24 academy.pioneersofchange.org; Interview für den Summit 2021 der Pioneers of Change

25 academy.pioneersofchange.org; Interview für den Summit 2021 der Pioneers of Change

26 Weizsäcker Ernst von war von 2012 bis 2018 Ko-Präsident des Club of Rome

27 https://earth4all.life/wp-content/uploads/2023/03/Earth4All_Exec_Summary_DE.pdf abgerufen am 10.10.2023
Die Initiative *Earth for all* versteht sich in erster Linie als Empfehlung an die Regierungen der Welt. Zusätzlich will die Initiative eine möglichst große Kooperation von Regierungen, Parteien, internationalen Organisationen, Konzernen, Betrieben, NGOs und Bürgern für die Transformation in die empfohlene Richtung. Die gute Nachricht steht bereits in der Einleitung: ein menschenwürdiges und nachhaltiges Leben ist für alle Menschen möglich und machbar.

28 Interview für den Summit 2020 der Pioneers of Change

29 Interview für den Summit 2021 der Pioneers of Change und https://www.humintech.com/de/agrarwirtschaft/blog/syntropische-landwirtschaft-die-agrarwende-von-unten

30 Interview für den Summit 2023 der Pioneers of Change

31 ooom: Kämpfer der Liebe (https://www.call-magazine.com/nipun-mehta-barack-obama-berater/2/; abgerufen am 06.10.2023)
32 academy.pioneersofchange.org; Interview für den Summit 2022 der Pioneers of Change
33 Scharmer C.Otto, 2022

Autorenverzeichnis

Holmgren, David, 2016: Permakultur – Gestaltungsprinzipien für zukünftige Lebensweisen

Morin, Edgar, 2023: Von Krieg zu Krieg von 1940 bis zur Invasion der Ukraine

Pfarl, Peter, 1975: Der Heilige Wolfgang – Leben, Legende, Kunst, Kult (Bildteil)

Saint-Exyperie, Antoine de, 1943: Le Petit Prince

Scharmer, C. Otto, 2022: Essentials der Theorie U, Grundprinzipien und Anwendungen

Shiva, Vandana, 2022: TERRA VIVA Mein Leben für eine lebendige Erde

Steindl-Rast, David, 2021: Die Achtsamkeit des Herzens

Zinnobler, Rudolf, 1975: Der Heilige Wolfgang – Leben, Legende, Kunst, Kult (Textteil)

Mit dem Kauf dieses Buches tust du nicht nur dir etwas Gutes. Das Honorar geht an Mary's Meals, die jeden Tag über 2 Millionen Kinder mit einer Schulmahlzeit versorgt und so Bildung ermöglicht, um aus Armut und Hunger herauszuführen. https://marysmeals.at/

Die Autorin

Erna Schroedter wurde 1940 in St. Wolfgang im Salzkammergut geboren und schloss 1959 die Matura ab. Im gleichen Jahr heiratete sie und studierte bis 1962 Zahnmedizin in Köln. Die folgenden Jahre arbeitete sie in der Zahnarztpraxis ihres Ehemannes in Deutschland, zog drei Töchter und drei Söhne auf und führte den Familienhaushalt. Als alle Kinder ausgezogen waren und sie alleine lebte, fasste Erna Schroedter den Entschluss, in ihre österreichische Heimat nach St. Wolfgang zurückzukehren. Nicht nur ihre weit verstreute Familie hält sie auf Trab, an deren Leben sie regen Anteil nimmt – zurück in der Heimat übernahm sie außerdem ehrenamtliche Vereinstätigkeiten und schloss 2009 das Studium der Soziologie an der Fernuniversität Hagen ab. Seit mittlerweile 12 Jahren wohnt die ursprünglich selbst von einer langen Generationenfolge an Hofbesitzern abstammende Autorin wieder in einem familiär geführten Hof inmitten der Natur und somit ganz nahe an ihren Wurzeln.